与学生谈成长

《"四特"教育系列丛书》编委会　编著

吉林出版集团股份有限公司
全国百佳图书出版单位

图书在版编目 (CIP) 数据

　　与学生谈成长／《"四特"教育系列丛书》编委会编著.
—长春：吉林出版集团股份有限公司，2012.4
　　（"四特"教育系列丛书／庄文中等主编.与学生谈生
命与青春期教育）
　　ISBN 978-7-5463-8637-9

　　I.①与… Ⅱ.①四… Ⅲ.①人才成长－青年读物②人才
成长　少年读物　Ⅳ.① C961-49

　　中国版本图书馆 CIP 数据核字（2012）第 044682 号

与学生谈成长
YU XUESHENG TAN CHENGZHANG

出 版 人	吴　强	
责任编辑	朱子玉　杨　帆	
开　　本	690mm×960mm　1/16	
字　　数	250 千字	
印　　张	13	
版　　次	2012 年 4 月第 1 版	
印　　次	2023 年 2 月第 3 次印刷	

出　　版	吉林出版集团股份有限公司
发　　行	吉林音像出版社有限责任公司
地　　址	长春市南关区福祉大路 5788 号
电　　话	0431-81629667
印　　刷	三河市燕春印务有限公司

ISBN 978-7-5463-8637-9　　　　　　定价：39.80 元

前　言

　　学校教育是个人一生中所受教育最重要组成部分,个人在学校里接受计划性的指导,系统地学习文化知识、社会规范、道德准则和价值观念。学校教育从某种意义上讲,决定着个人社会化的水平和性质,是个体社会化的重要基地。知识经济时代要求社会尊师重教,学校教育越来越受重视,在社会中起到举足轻重的作用。

　　"四特教育系列丛书"以"特定对象、特别对待、特殊方法、特例分析"为宗旨,立足学校教育与管理,理论结合实践,集多位教育界专家、学者以及一线校长、老师们的教育成果与经验于一体,围绕困扰学校、领导、教师、学生的教育难题,集思广益,多方借鉴,力求全面彻底解决。

　　本辑为"四特教育系列丛书"之《与学生谈生命与青春期教育》。

　　生命教育是一切教育的前提,同时还是教育的最高追求。因此,生命教育应该成为指向人的终极关怀的重要教育理念,它是在充分考察人的生命本质的基础上提出来的,符合人性要求,是一种全面关照生命多层次的人本教育。生命教育不仅只是教会青少年珍爱生命,更要启发青少年完整理解生命的意义,积极创造生命的价值;生命教育不仅只是告诉青少年关注自身生命,更要帮助青少年关注、尊重、热爱他人的生命;生命教育不仅只是惠泽人类的教育,还应该让青少年明白让生命的其它物种和谐地同在一片蓝天下;生命教育不仅只是关心今日生命之享用,还应该关怀明日生命之发展。

　　同时,广大青少年学生正处在身心发展的重要时期,随着生理、心理的发育和发展、社会阅历的扩展及思维方式的变化,特别是面对社会的压力,他们在学习、生活、人际交往和自我意识等方面,都会遇到各种各样的心理困惑或问题。因此,对学生进行青春期健康教育,是学生健康成长的需要,也是推进素质教育的必然要求。青春期教育主要包括性知识教育、性心理教育、健康情感教育、健康心理教育、摆脱青春期烦恼教育、健康成长教育、正确处世教育、理想信念教育、坚强意志教育、人生观教育等内容,具有很强的系统性、实用性、知识性和指导性。

　　本辑共20分册,具体内容如下:

　　1.《与学生谈自我教育》

　　自我教育作为学校德育的一种方法,要求教育者按照受教育者的身心发展阶段予以适当的指导,充分发挥他们提高思想品德的自觉性、积极性,使他们能把教育者的要求,变为自己努力的目标。要帮助受教育者树立明确的是非观念,善于区别真伪、善恶和美丑,鼓励他们追求真、善、美,反对假、恶、丑。要培养受教育者自我认识、自我监督和自我评价的能力,善于肯定并坚持自己正确的思想言行,勇于否定并改正自己错误的思想言行。要指导受教育者学会运用批评和自我批评这种自我教育的方法。

　　2.《与学生谈他人教育》

　　21世纪的教育将以学会"关心"为根本宗旨和主要内容。一般认为,"关心"包括关心自己、关心他人、关心社会和关心学习等方面。"关心他人"无疑是"关心"教育的最为重要的方面之一。学会关心他人既是继承我国优良传统的基础工程,也是当前社会主义精神文明建设的基础工程,是社会公德、职业道德的主要内容。许多革命伟人,许多英雄模范,他们之所以有高尚境界,其道德基础就在于"关心他人"。本书就学生的生命与他人教育问题进行了系统而深入的分析和探讨。

3.《与学生谈自然教育》

自然教育是解决如何按照天性培养孩子,如何释放孩子潜在能量,如何在适龄阶段培养孩子的自立、自强、自信、自理等综合素养的均衡发展的完整方案,解决儿童培养过程中的所有个性化问题,培养面向一生的优质生存能力、培养生活的强者。自然教育着重品格、品行、习惯的培养;提倡天性本能的释放;强调真实、孝顺、感恩;注重生活自理习惯和非正式环境下抓取性学习习惯的培养。

4.《与学生谈社会教育》

现代社会教育是学校教育的重要补充。不同社会制度的国家或政权,实施不同性质的社会教育。现代学校教育同社会发展息息相关,青少年一代的成长也迫切需要社会教育密切配合。社会要求青少年扩大社会交往,充分发展其兴趣、爱好和个性,广泛培养其特殊才能,因此,社会教育对广大青少年的成长来说,也其有了极其重要的意义。本书就学生的生命与社会教育问题进行了系统而深入的分析和探讨。

5.《与学生谈创造教育》

我们中小学实施的应是广义的创造教育,是指根据创造学的基本原理,以培养人的创新意识、创新精神、创造个性、创造能力为目标,有机结合哲学、教育学、心理学、人才学、生理学、未来学、行为科学等有关学科,全面深入地开发学生潜在创造力,培养创造型人才的一种新型教育。其主要特点有:突出创造性思维,以培养学生的创造性思维能力为重点;注重个性发展,让学生的禀赋、优势和特长得到充分发展,以激发其创造潜能;注意启发诱导,激励学生主动思考和分析问题;重视非智力因素。培养学生良好的创新心理素质;强调实践训练,全面锻炼创新能力。本书就学生的生命与创造教育问题进行了系统而深入的分析和探讨。

6.《与学生谈非智力培养》

非智力因素包含:注意力、自信心、责任心、抗挫折能力、快乐性格、探索精神、好奇心、创造力、主动思索、合作精神、自我认知……本书就学生的非智力因素培养问题进行了系统而深入的分析和探讨,并提出了解决这一问题的新思路、可供实际操作的新方案,内容翔实,个案丰富,对中小学生、教师及家长均有启发意义。本书体例科学,内容生动活泼,语言简洁明快,针对性强,具有很强的系统性、实用性、实践性和指导性。

7.《与学生谈智力培养》

教师在教学辅导中对孩子智力技能形成的培养,应考虑智力技能形成的阶段,采取多种教学措施有意识地进行。本书就学生的智力培养教育问题进行了系统而深入的分析和探讨,并提出了解决这一问题的新思路、可供实际操作的新方案,内容翔实,个案丰富,对中小学生、教师及家长均有启发意义。本书体例科学,内容生动活泼,语言简洁明快,针对性强,具有很强的系统性、实用性、实践性和指导性。

8.《与学生谈能力培养》

真正的学习是培养自己在没有路牌的地方也能走路的能力。能力到底包括哪些内容? 怎样培养这些能力呢? 本书就学生的能力培养问题进行了系统而深入的分析和探讨,并提出了解决这一问题的新思路、可供实际操作的新方案,内容翔实,个案丰富,对中小学生、教师及家长均有启发意义。本书体例科学,内容生动活泼,语言简洁明快,针对性强,具有很强的系统性、实用性、实践性和指导性。

9.《与学生谈心理锻炼》

心理素质训练在提升人格、磨练意志、增强责任感和团队精神等方面有着特殊的功效,作为对大中专学生的一种辅助教育方法,不仅能够丰富教学内容,改革教学模式,而且能使大学生获得良好的体能训练和心理教育,增强他们的社会适应能力,提高他们毕业之后走上工作岗位的竞争力。本书就学生的心理锻炼问题进行了系统而深入的分析和探讨。

10.《与学生谈适应锻炼》

适应能力和方方面面的关系很密切,我认为主要有以下几个方面:社会环境、个人经历、身体状况、年龄性格、心态。其中最重要是心态,不管遇到什么事情,都要尽可能的保持乐观的态度从容的心态。适应新环境、适应新工作、适应新邻居、适应突发事件的打击、适应高速的生活节奏、适应周边的大悲大喜,等等,都需要我们用一种冷静的态度去看待周围的事物。本书就学生的社会适应性锻炼教育问题进行了系统而深入的分析和探讨。

11.《与学生谈安全教育》

采取广义的解释,将学校师生员工所发生事故之处,全部涵盖在校园区域内才是,如此我们在探讨校园安全问题时,其触角可能会更深、更远、更广、更周详。

12.《与学生谈自我防护》

防骗防盗防暴与防身自卫、预防黄赌毒侵害等内容,生动有趣,具有很强的系统性和实用性,是各级学校用以指导广大中小学生进行安全知识教育的良好读本,也是各级图书馆收藏的最佳版本。

13.《与学生谈青春期情感》

青春期是花的季节,在这一阶段,第二性征渐渐发育,性意识也慢慢成熟。此时,情绪较为敏感,易冲动,对异性充满了好奇与向往,当然也会伴随着出现许多情感的困惑,如初恋的兴奋、失恋的沮丧、单恋的烦恼等等。中学生由于尚处于发育过程中,思想、情感极不稳定,往往无法控制自己的情绪,考虑问题也缺乏理性,常常会造成各种错误,因此人们习惯于将这一时期称作"危险期"。本书就学生的青春期情感教育问题进行了系统而深入的分析和探讨。

14.《与学生谈青春期心理》

青春期是人的一生中心理发展最活跃的阶段,也是容易产生心理问题的重要阶段,因此要关注心理健康。本书就学生的青春期心理教育问题进行了系统而深入的分析和探讨,并提出了解决这一问题的新思路、可供实际操作的新方案,内容翔实,个案丰富,对中小学生、教师及家长均有启发意义。本书体例科学,内容生动活泼,语言简洁明快,针对性强,具有很强的系统性、实用性、实践性和指导性。

15.《与学生谈青春期健康》

青春期常见疾病有,乳房发育不良,遗精异常,痤疮,青春期痤疮,神经性厌食症,青春期高血压,青春期甲状腺肿大,甲型肝炎等。用注意及时预防以及注意膳食平衡和营养合理。本书就学生的青春期健康教育问题进行了系统而深入的分析和探讨,并提出了解决这一问题的新思路、可供实际操作的新方案,内容翔实,个案丰富,对中小学生、教师及家长均有启发意义。本书体例科学,内容生动活泼,语言简洁明快,针对性强,具有很强的系统性、实用性、实践性和指导性。

16.《与学生谈青春期烦恼》

青少年产生烦恼的生理原因是什么?青少年的烦恼有哪些?消除青春期烦恼的科学方法有哪些?本书就学生如何摆脱青春期烦恼问题进行了系统而深入的分析和探讨,并提出了解决这一问题的新思路、可供实际操作的新方案,内容翔实,个案丰富,对中小学生、教师及家长均有启发意义。本书体例科学,内容生动活泼,语言简洁明快,针对性强,具有很强的系统性、实用性、实践性和指导性。

17.《与学生谈成长》

成长教育的概念,从目的和方向上讲,应该是培育身心健康的、适合社会生活的、能够自食其力的、家庭和睦的、追求幸福生活的人;从内容上讲,主要是素质与智慧的开发和培育。人的内涵最根本的是思想,包括思想的内容、水平、能力等;外显的是言行、气质等。本书就学生的健康成长问题进行了系统而深入的分析和探讨,并提出了解决这一问题的新思路、可供实际操作的新方案,内容翔实,个案丰富,对中小学生、教师及家长均有启发意义。

18.《与学生谈处世》

处世是人生的必修课,从小要教给孩子处世的技巧,让孩子学会处世的智慧,这对他们的成长至关重要。本书从如何做事、如何交往、如何生活、如何与人沟通、如何处理自己的消极情绪等十个方面着手,力图把处世的智慧教给孩子,让孩子学会正确处理复杂的人际关系。本书体例科学,内容生动活泼,语言简洁明快,针对性强,具有很强的系统性、实用性、实践性和指导性。

19.《与学生谈理想》

教育是一项育人的事业,人是需要用理想来引导的。教育是一项百年大计,大计是需要用理想来坚持的。教育是一项崇高的事业,崇高是需要用理想来奠实的。学校没有理想,只会急功近利,目光短浅,不能真正为学生终身发展奠基;教师没有理想,只会自怨自艾,早生倦怠,不会把教育当作终身的事业来对待。学生没有理想,就没有美好的未来。本书就学生的理想信念问题进行了系统而深入的分析和探讨,并提出了解决这一问题的新思路、可供实际操作的新方案,内容翔实,个案丰富,对中小学生、教师及家长均有启发意义。

20.《与学生谈人生》

人生观是对人生的目的、意义和道路的根本看法和态度。内容包括幸福观、苦乐观、生死观、荣辱观、恋爱观等。它是世界观的一个重要组成部分,受到世界观的制约。本书就学生如何树立正确的人生观问题进行了系统而深入的分析和探讨,并提出了解决这一问题的新思路、可供实际操作的新方案,内容翔实,个案丰富,对中小学生、教师及家长均有启发意义。本书体例科学,内容生动活泼,语言简洁明快,针对性强,具有很强的系统性、实用性、实践性和指导性。

由于时间、经验的关系,本书在编写等方面,必定存在不足和错误之处,衷心希望各界读者、一线教师及教育界人士批评指正。

编者

目　录

1

第一章

正确认识挫折

第一节　善待挫折　寻找希望

1. 成长是一种化茧成蝶的痛

在我们的成长中，或多或少都会经历一些磨难，我们成功过，失败过，但我们从未放弃过，因为我们懂得成长是一种化茧成蝶的痛。

——席慕蓉

在人生的十字路口上，有些青少年曾迷茫过，徘徊过，成功过，失败过，但却从未轻易放弃过。因为他们坚信阳光总在风雨后，而成长过程中却有化茧成蝶的痛。

小时候我们对所有美好事物都会充满无限的向往，在幼小的心里，认为世界是如此的美好，渐渐地我们长大了，身上多了一份责任，却少了一份轻松，我们的生活不再充满梦幻色彩。于是我们便勇敢地在挫折中成长，在伤痛中成长。

随着年龄的增长，才突然发现，生活中的一切并不是像梦想中的那样美好。所有的美好愿望都被残酷的现实所磨灭，使我们在困难面前，总会产生逃避的想法，没有勇气去面对眼前的事实，甚至开始对成长充满恐惧。

◎成长是一种美丽的痛

在成长的过程中，我们难免会被叛逆心理所笼罩，对父母不屑一顾，喜欢我行我素，对家人充满敌意，从而造成了两代人之间的代沟。

其实我们都知道父母在内心里是爱我们的，只是他们不轻易把爱表达出来而只会用自己的行动去爱我们，却从不用言语告诉我们。当我们渐渐成熟之后，就会理解父母的做法。抛弃那段不成熟的情愫，犹如化茧成蝶般的蜕变，过程虽然痛苦，却可以让我们享受后来的美丽。

青春对我们来说，有时只是一种人生态度并非状态，每个人的生命中肯定都要经历一次刻骨铭心的痛，这是我们成长的蜕变，没有撕扯的剧痛何来化茧成蝶的美丽。

在成长的过程，我们对美好的未来充满了幻想，充满了希望，但所有的事情并不像我们想象的那么简单，曾经年少无知的我们经历了人生的大风大浪使我们脆弱的心变得更加坚强，使我们在生活上学会了自立，不再去依赖我们的父母，因为我们都明白，父母不可能陪我们一生一世。如果过分的去依赖他们的话，使我们的依赖心理越来越强，处理事情缺乏主见。所以青少年在成长中长大，在成长中学会坚强。

其实，人的一生也正如一只蚕的一生。从出生时啼哭的喜悦，到死前微笑的无奈；从懵懂无知的弱冠之年到波澜不惊的垂暮年华。历经生命中每个阶段的磨难困惑，种种酸甜苦辣，冲破层层阻挠和束缚，最终如一只蚕一般蜕变羽化成蝶，一个人的一生就完满的写上了一个句号。并非每只蚕都能挣扎过这痛苦的蜕变，在来时路上渐渐遗失生命。同样，并非每个人都能承受这痛的折磨，在成长的过程中，在青春的迷茫中，在平庸的生活里，有多少人能坚持心中的梦想始终如一？有多少人能够咬着牙承受一切寂寞苦痛，熬过漫漫无期的长夜？只为那不确定的一滴晨露，一丝朝霞，一袭羽衣？而化茧成蝶后的美丽，虽短暂却成为永恒的回忆。

成长的过程是痛苦的，蜕变的过程是艰难的，但正是因为有了这

份痛苦和艰难，我们的青春不再苍白，成长是一段刻骨铭心的岁月，点点滴滴都值得我们珍藏。

◎在成长中学会坚强

在成长的过程中，伴随着升学压力，学习压力，父母的不理解，以及与老师同学的沟通等多方面的困惑，我们会感觉自己肩上的担子越来越重了，而现在最让我们困惑的莫过于学习和朋友的关系。学习很重要，但是朋友对我们的人生也非常重要，所以一旦与朋友产生了矛盾，就会引起情绪上的波动，一旦心情不好，就会对别人发脾气。而对于我们这个年纪的少男少女来说，都会经历情绪上的波动。

在面临人生的选择时，我们迷茫过，无助过，甚至想放弃过，但我们并没有那么做，因为我们有梦想。虽然这个过程很艰辛，但只要我们努力过，拼搏过，就算失败，又能怎样？最起码，我们没有放弃，即使失败了，我们还可以从头再来。

有时，梦想对于我们来说是一种人生目标，在时间的流逝中，我们由浮躁变得平静，由无所谓变得认真执著，起初的不经意，变成今日的百折不回。

每天我们都在满天星斗中起床、洗脸、刷牙，开始一天的学习生活。深夜，我们仍在苦读，为我们的人生目标而坚持。我们常常会因为浪费一分钟的时间而自责、愧疚，所以从不主动去联系同学朋友。心中也有过动摇，却又安慰自己，不经历风雨怎能见彩虹，以后会有时间的，坚持过这段时间就会好起来！

到了放榜的日期，知道自己没有通过的消息，心情依然平静，不是因为麻木、不是因为无所谓，只是已经在风雨中成长，只是已经收获了坚强！人总是要经历一些事情才能成长。生活总是教会我们在失望中孕育希望，在失去后才懂得珍惜。经历挫折磨难的我们，像风雨

中的花朵，为成长而感动，因风雨而坚强，我们应该坚持我们的选择，虽遭遇挫折，仍痴心不改，为梦想而坚持！

对现代青少年来说，经历艰辛的成功像醇香的美酒，让人激情澎湃，让人收获喜悦。在这个过程中，我们收获勇气、坚强、感动和成长。

2. 任何成长都要付出代价

在人生旅途中，并不是所有的事情都如我们想象的一帆风顺。当我们遇到愉快的事情时，心情就会很开朗；而当我们遇到一些不开心的事情时，就会对生活充满抱怨。没有不起波澜的人生，因此，我们一定要做到"成不骄，败不馁"。不管成长的道路上需要付出何种代价，都要坦然去面对。

◎坦然面对成长中的等待

每个人的成长都需要付出一定的代价，我们总是习惯对别人的风光无限充满羡慕之情，却没有去想过他们在风光背后所付出的艰辛。每个人的成长都会或多或少经历一些坎坷，坦然面对这些坎坷，便会顺利的走过去，使其成为人生中的一笔财富。

成长是由开心与失落、幸福与寂寞、豁达与不满、明白与糊涂、背叛与支持组成的一个结合体。这个过程是每个人在成长的过程中都必须经历的阶段，只是由于不同的人对待事情的态度会有所不同，所以解决问题的方法也会不同。有的人会把它当成一种烦恼，整天怨天尤人，遇到一点挫折就一蹶不振，认为命运对自己不公，所有的烦心事都让自已遇到了。我们一定要学会成熟，不要自暴自弃，更不要怨天尤人，要知道，我们所遭遇的一切经历都是必然的。

成功的人生，一定伴随着努力和机遇、付出和收获。有时候，你会觉得等待的过程是对自己最痛苦的折磨。其实，在等待的过程中，会让青春年少的你多一份成熟，多一份机遇。然而，不经生活，就没有资格等待，更没有资格享受等待的结果。人的一生就是由无数个等待、机遇和奋斗组合而成的。等待了，即使结果不尽人意，也无愧于生活。等待是一种资历，是一种磨练，更是一种体味。尽管有些难耐，但是，由于有了难耐，才让年轻的你更能认识到生活柔性的一面，这种柔性也是在成长过程中历经磨砺而产生的。

◎ **如何对待成长的态度**

在成长的道路上，有失败和挫折，也有成功和喜悦，我们应保持积极的心态，正确对待成长中的苦与乐。成长途中，肯定会遇到各种各样的开心或不开心的事。这个过程值得我们去认真地体会。

成长是让人既渴望又担忧的事情，它会让我们历经磨难，又为我们带来风雨之后的迷人芬芳。

幼时的我们渴望成长，为自己的未来编织无数美丽的梦。然而，当我们带着对未来的憧憬渐渐长大时，就会发现生活中的诸多问题。生活会带给我们无尽的挫折和苦涩，在带给我们数不尽烦恼的同时，也带给我们梦幻般的梦想。

在踏进中学校园的那一瞬间，就意味着成长即将开始。以后的日子无论晴天还是阴天，都必须勇敢地面对。学习生活是我们成长过程中需要解决的最为艰难、复杂，甚至是最难下结论的问题。难道当我们面对学习的挫折就只会退缩吗？成绩的优劣给我们增加了数不尽的烦恼，父母的责骂让我们悲愤不已，老师失望的目光让我们无地自容。于是很多人选择了放弃，似乎在我们的世界里，放弃变成了惟一的选择！

逃避为我们解决不了任何问题，只能阻碍我们成长的步伐。在学习生活中，我们最怕的是考试成绩不理想。考差了不仅会遭到同学们鄙视，而且还会受到家长的训斥。成长是我们为梦想奋斗的过程。无论如何，都应坚持自己想要坚持的东西，并为之奋斗，才可以把我们的人生点缀的更加亮丽多彩。若想成功，我们就要比别人付出更多的努力，更多的代价。任何人的成功都与个人的付出密切相连，付出与收获永远是成正比的。

很多时候，我们会去羡慕那些比自己优秀的人，其实我们没有必要这么做，只要有目标，有方向，我们也可以同样变得优秀起来。要善于抓住机会，不要轻易放过每一个机会。因为一个人的成功，机会也占有很大的成分。当新的机会摆在面前的时候，敢于放弃已经获得的一切，去寻求更大的发展空间。选择了一个机会，就意味着要付出放弃其他机会的代价。

在生活中，我们经常反省自己，是世界怯弱，还是自己怯弱？人生无常，相信救世主还是相信自己，是每个人必须做出回答的。自己可以解放自己，而现实不允许，我们把希望寄托于未来，但未来是空白的，于是我们发现未来并不真实，只能是现实，所以我们必须鼓起勇气去面对自己。

人生也是一种角色互换的过程，而且这是必不可少的角色。我们应该庆幸自己清醒地看到了这一点，因此对自己做过的一切有所总结，相信生活，面对生活，相信自己，善待自己，才能自由而勇敢地面对自己，面对别人，面对社会。我们不追求什么梦，只要脚下实实在在，心里就会踏踏实实。我是谁？我就是一个普普通通的生命，能悟出这一点，也许这才是你一生最大的收获。

我们不会甘心就这样沉沦，因为我们的信念没有改变，我们对未来美好事物的向往永不褪色的！所以，我们决定重新站起来，寻找那份属于自己的快乐。于是朋友、知己也进入了我们的世界。在与他们的交流中，使我们感受到每个人的人生都会有的辛酸苦辣，使我们更加明白，我们所面对的一切并不可怕，可怕的是我们没有气去面对这突如其来的一切，从而错过了应该属于我们的美丽彩虹。渐渐地，原本空中密布的乌云，被我们坚定的信念和豁达的心胸所击退，天空又恢复到晴空万里。

成长的过程中，使我们懂得了其中蕴藏着苦与乐，我们只有带着坚强执著的心，才能够深刻感受成长，体会出成长的美好。

总而言之，在成长过程中，有得必有失，得意时切勿忘形，失意时切勿气馁，这就是青春路上必不可少的成长轨迹！

3．挫折是成长的必修课

每一位青少年都希望自己的青春之路能够多一些快乐，少一些痛苦，多一些顺利，少一些挫折，可是命运却似乎总爱捉弄人、折磨人，总是给人以更多的失落、痛苦和挫折。犹如一杯咖啡，在开始品尝时，必先经历一番苦涩才能喝出它的浓香。

◎挫折，是一把"双刃剑"

有这样一则故事：草地上有一个蛹，被一个小孩发现并带回了家。过了几天，蛹上出现了一道小裂缝，里面的蝴蝶挣扎了好长时间，身子似乎被卡住了，一直出不来。天真的孩子看到蛹中的蝴蝶痛苦挣扎的样子十分不忍。于是，他便拿起剪刀把蛹壳剪开，帮助蝴蝶脱蛹出来。然而，由于这只蝴蝶没有经过破蛹前必须经过的痛苦挣扎，以致出壳后身躯臃肿，翅膀干瘪，根本飞不起来，不久就死了。自然，这只蝴蝶的欢乐也就随着它的死亡而永远消失了。这则小故事说明了经受挫折青少年成长的必经过程。

从某种意义上来说，挫折、苦涩是青少年追求与现实障碍的不协调，是美好期望与现实生活产生了距离，是付出与收获成不了正比。也许，面对新的工作环境，同样有过失落的痛楚，有过遗憾的懊恼，有过伤感的情怀。

试想一下，每个青少年都生活在一种没有任何压力的状态之中，那么也就不存在障碍和痛苦。不过，人生没有压力就不会有新的追求，不会有新的希望，更失去了生活的真正内涵。正因为存在着追求之中的挫折，才会有酸甜苦辣、人生百味，青少年才能细细品味其中的各种滋味，生活才会充满生机与活力。如果青少年把自己的成长过程想象的太过于完美，不经任何苦难和挫折就能达到心目中的理想，这世界岂不颠倒。

英国哲学家培根说过："超越自然的奇迹多是在对逆境的征服中出现的。"重要的是你以何种态度对待挫折。

青少年在遭遇挫折后，对待挫折的态度，往往大不相同。遇到挫折，有的青少年如石头一样撞了南墙也不回头；有的青少年如鸡蛋一样，从此破罐子破摔；有的青少年则如皮球一样，从哪儿跌倒就从哪儿爬起来，执著地朝着目标继续前进。

英国作家萨克雷在《名利场》中写道："生活好比一面镜子，你对它笑，它也对你笑；你对它哭，它也对你哭。"生活中的挫折又何尝不是如此呢？做一个健康的人，就应当学习皮球精神，笑对挫折，感激挫折。

要明白，挫折是成长过程的必修课，也是人生的必经之路。大海没有礁石，激不起浪花，人生没有挫折，难以成熟和自强。

在漫漫的人生路上，总会遇到这样那样的挫折，总会有马前失蹄的时候，须知智者千虑，必有一失，天有不测风云，人有旦夕祸福。成长与挫折其实就是结下了不解之缘的，你想回避，也回避不了。

◎ **把挫折当成成长路上的调味品**

提高对挫折的适应能力，战胜挫折是每一位青少年的生存和发展的需要。孟子说过："天将降大任于斯人也，必先劳其筋骨，饿其体肤，空乏其身。"由此可见，遇到挫折也是在人生中难得的良缘。表明你有非常人的命运，把你作为有成就的人物来磨难，来考验。实际上，这正是你成功的前提，也是人生过程中最好的老师。

经得起挫折才是成功之宝，世间的万物皆为中性，关键是在于你如何去认识，去转化和利用。表面看来，挫折打破了原先的人生设想，改变你的正常生活。在外人看来，你遭受到不幸，自己也会感觉时运不济，感受到对命运的打击。但换另一种心情去想，另一种角度去看，又会是另一番景致。

自古雄才多磨难，从来纨绔少伟男。如果爱迪生在数百次电灯试验的失败挫折中失去信心，我们现在有可能还在秉烛过夜；如果革命先烈没有"自信人生二百年，会当击水三千里"的革命勇气，在中国革命所遭遇的挫折面前退却，中国的革命至今还有可能在漫漫黑夜中摸索。

在人生的路上摔跤的，并不仅仅只有青少年，那些将生命的火焰燃烧得最盛的人，也同样有着自己的挫折与艰辛，挫折在他们身上，反而成为了成功的养分。生活总是会给人罩上阴影，那些能够走出阴影的人，最终都成了伟人。

清代学者李调元年轻时到北京参加科举考试，结果不幸落榜。但他并未灰心，而立志继续发愤苦读。当时，他还写了一首诗自勉：

"世上怜才休恨少，平生失学本来多。天公有意君知否，大器先须小折磨。"他经过艰苦奋斗，专心苦读，过了几年终于高中"榜眼"（即殿试一甲第二名）。后来，李调元成为令人称颂的一代大学者。从某种意义上说，修好人生这一必修课——挫折，就是一笔可贵的人生财富。如果在挫折面前低头、失去信心，面对的可能会是再一次的挫折失败。

在人生前进的道路中，挫折可以说到处可见。有一位作家曾说过，顺利是偶然的，挫折才是人生的常态。所以我们应正视生活中各式各样的挫折，把挫折当作是成长路上的一堂必修课，运用自己的智慧、勇气和力量去与之抗争，去经历它，感受它，咀嚼它。当你成功应对了一个又一个的挫折时，回头看看这一堂又一堂的人生必修课，或许你还要感谢曾困扰过自己的挫折呢。

漫漫人生之路上，"逆境是常态，顺利是意外"。挫折与人如影相随，所以世人才有"人生不如意事十之八九"的感叹。挫折犹如生活中的绿叶，心甘情愿地衬托出成功的红花妖艳夺目，撩人心魄。正是由于经历过挫折与失败的洗礼，青少年才能拥有"宠辱不惊，看庭前花开花落；去留无意，望天上云卷云舒"的平和心态。感谢挫折，它让你在磨难中领悟到酸甜苦辣的多味人生初体验。

爱因斯坦说过："我要反复思考好几个月，虽然有 99 次结论是错误的，但是第 100 次我找到了正确的答案。"爱迪生对失败或挫折的看法是"失败也是我所需要的，它与成功一样对我具有价值"。因为他把挫折当成人们成长路上的铺路石。于是就踏着由挫折铺就的台阶，一步一步地走向了成功的巅峰。

人生的过程，有挫折才会有精彩，有挫折才会更坚强，有挫折，才会发现生活是这么美好，世界是这么可爱，青春之路是那么地难忘。

青少年朋友，在遇到挫折时，千万不要悲观，要用打不倒的精神去征服它，把它当成人生道路中的一堂必修课，上好这堂必修课。在挫折面前，把眼光放在生活的主流上，看到自己曾经取得的成绩，不回避挫折，争取以优异的成绩回击它，从中品咂出苦中的甘甜，反思出苦中的真谛。

修好挫折这堂人生必修课，人生的价值会展示出独特的风采，使人释放出超越自我的潜能，孕育出理想的果实，正如歌中所唱的那样，"不经历风雨，怎能见彩虹"。

4. 把挫折当成垫脚石

人生由无数的升腾与失落交织而成，正如一座石拱桥，这边是上坡，那边必然是下坡，悠远而平凡，繁杂而肤浅。

当今这个竞争激烈的社会中，在主客观因素的作用下，遭受挫折在所难免。步入情感误区，感情不如意；无法得到上司的认可，工作不顺心……要正确认识挫折，挫折不等于失败，它只是我们前进道路上的绊脚石。为了避免挫折，青少年应明确定位自己，在充分评估自己综合能力的基础上，为自己制定切实的目标。要通盘考虑，预计在迈向成功的过程中所可能经历的种种挫折。

面对挫折，除具备基本的能力之外，重要的是自身心理素质与承受能力。青少年要客观面对现实，经受挫折与失败的考验，增强心理承受能力与挫折的容忍力，把挫折当成垫脚石，从而奋起拼搏以取得成功。

◎没有挫折的成长历程是不完整的

一天，农夫的一头驴掉进一口枯井里，农夫绞尽脑汁想救出驴，但几个小时过去了，驴子还在井里痛苦地哀嚎着。

最后，这位农夫决定放弃，他想这头驴子年纪大了，不值得大费周折去把它救出来，不过无论如何，这口井还是得填起来。于是农夫便请来左邻右舍帮忙一起将井中的驴埋了，以免除它的痛苦。农夫的邻居们人手一把铲子，开始将泥土铲进枯井中……

当这头驴子了解到自己的处境时，刚开始哭得很凄惨。但出人意料的是，一会儿之后这头驴子就安静下来了。农夫好奇地探头往井底一看，出现在眼前的景象令他大吃一惊：

当铲进井里的泥土落在驴子的背部时，驴子的反应令人称奇——它将泥土抖落在一旁，然后站到铲进的泥土堆上面，就这样，驴子将大家铲倒在它身上的泥土全数抖落在井底，然后再站上去。很快地，这只驴子便得意地上升到井口，然后在众人惊讶的表情中快步地跑开了！

在人生的旅途中，有时我们会像驴子那样陷入"枯井"中，会有各式各样的"泥沙"倾倒在我们身上，而想要从这些"枯井"脱困的秘诀就是：将"泥沙"抖落掉，然后站上去！

事实上，在生活中所遭遇的种种困难挫折就是加诸在青少年身上的"泥沙"，然而，换个角度看，它们也是一块块的垫脚石，只要我们锲而不舍地将它们抖落掉，然后站上去，即使是掉落到最深的井，也可安然脱困。

追求成功是每一个青少年所追求的人生目标，然而成功和挫折却像大自然的白天和黑夜、晴天和雨天一样，都是生命的组成部分。正是成功和挫折的相互作用和交替出现，才使人生变得丰富多彩，有滋有味。如果人生只有挫折，或者只有成功，生命就会显得苍白无力。事实上，没有挫折的人生是纯属幻想出来的，要知道，没有挫折的人生是不完整的人生。

一个人处在挫折中，就像夏日曝晒一天后进入夜晚一样，心里有一种异常和感觉。仰望星空，凉风吹来，思绪万千。在这种特别的心境里，我们会清醒认识到自己到底应该干什么，适合干什么，在我们的心底涌起智慧的能量，走向成功的辉煌。

1832 年，林肯失业了，他很伤心，于是他下定决心要当政治家，当州议员。但糟糕的是，他竞选失败了。在一年里遭受两次打击，这对他来说无疑是莫大的痛苦。

接着，林肯着手自己开办企业，可一年不到，这家企业又倒闭了。在以后的 17 年间，他不得不为偿还企业倒闭时所欠的债务而到处奔波，历经磨难。

随后，林肯再一次决定参加竞选州议员，这次他成功了。他内心萌发了一丝希望。认为自己的生活有了转机："可能我可以成功了!"

1835 年，他订婚了。但离结婚还差几个月的时候，未婚妻不幸去世。这对他精神上的打击实在太大了，他心力交瘁，数月卧床不起。1836 年，他得了精神衰弱症。

1838 年，林肯觉得身体良好，于是决定竞选州议会议长，可他失败了。1843 年，他又参加竞选美国国会议员，这次仍然没有成功。

虽然林肯一次次地尝试，却又一次次地遭受失败：企业倒闭、情人去世，竞选败北。如果换作是你碰到了这一切，你会不会放弃——放弃这些对你来说是重要的事情？

林肯具有执著的性格，他没有放弃，也没有说："要是失败会怎样？"1846 年，他又一次参加竞选国会议员，最后终于当选了。

两年任期很快过去了，他决定要争取连任。他认为自己作为国会议员表现是出色的，相信选民会继续选举他。但结果很遗憾，他落

选了。

因为这次竞选他赔了一大笔钱，林肯申请当本州岛的土地官员。但州政府把他的申请退了回来，上面指出："做本州岛的土地官员要求有卓越的才能和超常的智力，你的申请未能满足这些要求。"

接连又是两次失败。在这种情况下你会坚持继续努力吗？你会不会说"我失败了"？

然而，林肯没有服输。1854 年，他竞选参议员，但失败了；两年后他竞选美国副总统提名，结果被对手击败；又过了两年，他再一次竞选参议员，还是失败了。

林肯一直没有放弃自己的追求，他一直在做自己生活的主宰。1860 年，他当选为美国总统。

青少年朋友，你们知道吗？生活中的每个人都企盼着前途是一马平川，但在安逸舒适的环境下成长起来的孩子，有多少能经历生活中的风风雨雨呢？温室虽好，但里面的花朵是禁不起雨打风吹的，世间纨绔子弟又有多少成为了社会的栋梁之才的呢？挫折是一个宝贝，是一块试金石，只有能经历过挫折的人，才能勇敢地站在时代的潮头，才能勇敢的面对艰难险阻，才能在激烈的竞争中获得优胜。

◎挫折是一块试金石

如果为成长的过程画一条曲线，成功和挫折就是那起起伏伏的每一个点。挫折是成功的垫脚石，每个人的任何一种真正的成功，都是踏着挫折一步步抵达和创造的。没有挫折，也就不会有成功。

巴尔扎克说："挫折对于有志者来说是一块垫脚石，对于弱者来说是一个万丈深渊。"挫折能造就强者，也能吞噬弱者。所以，逆境不一定让每一个人都走向成功，成为强者，但没有逆境，你终不可成为真正的强者。

契诃夫说："挫折对于人来说，是一把打向坯料的铁锤，打掉的应是脆弱的铁屑，锻成的将是锋利的钢刀。"生活的挫折，让人的知识得到拓展，为一个人的未来留下深厚的储备。文王拘而演《周易》，左丘写《国语》，欧阳修写《醉翁亭记》，苏东坡写出气势恢弘的《念奴娇·赤壁怀古》，曹雪芹写出流芳千古的杰作《红楼梦》，都是遭遇人生重大挫折后的作品。强者在挫折面前既不抱怨命运不公，不会消极、颓废、一蹶不振，也不会听天由命、看破红尘；而是把挫折当成垫脚石，从而获得新知，完善自己，充实自己，弥补自己，找准消除挫折的突破口，纠正偏差。学会自我宽慰，心怀坦荡，情绪乐观，充满自信，发愤图强，坚韧不拔，笑傲人生，勇敢地面对现实与挑战，尽快走出挫折的阴影，寻找新的起点，早日达到理想的彼岸。

一个理智的青少年不仅不会被挫折吓倒，而且也不会把挫折当作不存在。如果某位青少年被挫折吓倒，从此以后再不敢行动，不敢冒半点风险，那他的一生可能会平四八稳，也将会碌碌无为；如果把经受的挫折不当回事，不认真总结，吸取教训，粗心大意，那么挫折后面的将还会是挫折。

在遇到挫折时不要奢求什么，更不要在意别人的冷眼和嘲笑。而对别人一抹关切的目光，一句温暖的问候，也要心存感激。善待挫折，在挫折中磨砺意志，从痛定思痛到卧薪尝胆，从挫折中吸取宝贵营养，从挫折中寻找和发现成功的智慧，披肝沥胆，奋发进取，那么挫折就将成为通向成功台阶上的垫脚石。

5. 坦然面对挫折

在青春的道路上，总会遇到各种各样的挫折，无论你怎样对待它，它都不会因你而减少一分一厘。因此，与其无休止的痛苦，还不如坦然地去面对。这一点对于青少年而言更是如此。

"天空不留下鸟的痕迹，但我已飞过"，这不是对坦然做出的最好的诠释？是的，许多事的成败得失是青少年不可预料的，但只需尽力去做，求得一份付出之后的坦然和快乐。对于许多青少年来说，世事总是让人捉摸不透，防不胜防，往往是想走近，人家却早已设下屏障。这时不必计较，惟一能做的是，在我们必须面对他们的时候，奉上我们的真心，然后铭感自己的博大。许多机会如果能让青春期的你抓住的话，就有可能抵达成功的彼岸，但事实并非如此，青少年总是一次又一次地失去机会。没有关系，那只是命运剥夺了活的高贵的权利，却没有剥夺他们活着的伟大权利。

◎当挫折和困难来袭时

坦然是一种失意后的乐观；坦然是一种沮丧时的调适；坦然是一种平淡中的自信。

宋代诗人苏轼，因"乌台诗案"被贬为黄册团练副使，但他却没对生活失去信心，失去乐趣。被贬之后，他游山玩水，尽情享受着接近自然的生活。虽有"寄蜉蝣于天地，渺沧海之一粟。哀吾生之须臾，羡长江之无穷，挟飞仙以遨游，抱明月以长终。"他也知"不可乎骤得。"于是他就"托遗响于悲风"，仍在赤壁之下"举酒属客，诵明月之诗，歌窈窕之章。"欣赏着"月出于东山之上，徘徊于斗牛之间。白露横江，水光接天。"他把自己遭遇的挫折全都抛在脑后，享受着自己想着的事。敢直面挫折，化解痛苦，这是苏轼生活如此快乐的根本。

与他有着相似命运的李煜则大不一样，他可不是可敬的斗士，甚至不及"乐不思蜀的阿斗，多少有几许潇洒。"问君能有几多

愁"——痛苦的涟漪无限扩张,终于招来了杀身之祸。

由此可以看出,当年轻的你遭遇挫折时,应该坦然地面对挫折,而不是一味地放大痛苦让你越陷越深,最后不能自拔,荒废人生。

生活道路漫长,挫折随处可遇,在每一个青少年的身边常见到有的人成功了欣喜若狂,遇到困难则悲观失望。实际上,人的一生要经历许多事情,失意与挫折只是其中很小的一部分,不是有这样一句歌词吗:"要生存,先把泪擦干;走过去,前面是个天。"

一个人在成年后突然瞎了眼,他绝望了,直至碰到另一个瞎子,他对他说:"哦,你知道,你可以从洗自己的袜子开始。"于是,他摆脱了绝望……

很多青少年曾陷于极度迷惘的困境中,可一旦摆脱了它,却得到了意想不到的欢乐和力量:保护你的热情,不管它是多么脆弱!

◎挫折因坦然而美丽

有一个人到医院去检查身体,医生告诉他得了癌症,只能再活三个月。他很沮丧,就推掉一切应酬,静静的待在家里才发觉:家里原来这么温暖。于是他走向野外,仔细领略阳光,细观溪流。世界真的很美!他度过了生命中最快乐最充实的三个月……

大自然的消长在冥冥中都注定了,人生有何需事事强求呢?坦然面对挫折,你会觉得一切都是美好的。

有一对夫妻因遭遇生活和经济压力,陷入了难以摆脱的困境,他们觉得痛苦不堪,于是,商议一起自杀。

当他们正准备把头伸进挂在屋梁上的绳圈时,突然响起了敲门声,只好停止自杀的动作去开门,原来是多年不见来自远方的好友,只好接待……夫妻俩和好友促膝长谈:回忆快乐的往事,忧伤的历程,直至深夜,连自杀的事也给忘却了。第二天,夫妻俩面面相觑,看到屋

梁上的绳，想起了昨夜自杀的事。妻子对丈夫说："我在想，只要我们以寻死的心活下去，也许可以渡过难关。"丈夫也说："这正是我想说的话。"

面对生命的巨大挫折，往往是一念之差。"以寻死的心活着"禅语即是"大死一番""悬崖撒手"这种决然的心情，往往能冲破牢关，创造出新的生命境界！

面对挫折，青少年应该坦然相对。成功固然可喜可贺，但挫折同样可以磨砺意志，让你振作精神，奋发图强，诚如国务委员陈至立所言："人生中有顺利、成功、幸福的日子，也总有曲折、失败、痛苦的时候。成功和幸福自然是每个人都渴望获得的东西，但曲折和磨难却是人生另一种宝贵的财富。顺利成功时不沾沾自喜，忘乎所以；遇到曲折不消极悲观，怨天尤人。以平和的心态对待人生和世界，不大喜大悲，大起大落。"

一个故事，总要留点遗憾才有令人感动的美丽；一种结局，常需存有惋惜方显言尽意无穷之意；一个人，往往在经受住挫折和磨难后才会变得更加成熟。

挫折使人思索，逼人明智，使人练达；挫折可以使人懂得生命之不易，从而对每一分收获都感到弥足珍贵。正如古人所说，要成就一番大事，必先苦其心志，劳其筋骨，饿其体肤，空乏其身，行弗乱其所为。

挫折纵然无情，却给人无尽的砥砺；失败固然残忍，却使人趋于顽强。当乌云压顶时，首先应该想到的是乌云过后将是一个丽日蓝天的新世界，不管生活赐给我们的是成功还是失败，是痛苦还是欢乐，我们都要伸出双手去迎接它，而不是选择逃避和退缩。

坦然面对挫折，可以振奋每一个青少年的精神，人的成长过程犹如登山，挫折好比通向山巅的必由之路，如果害怕它，就永远不能到达光辉的顶点，只能在山脚下徘徊空转。

不经历风雨怎么见彩虹，没有人能随随便便成功。青少年朋友们，坦然面对一切困难和挫折吧，走过去，前面是一片蔚蓝的天。只要你能坦然面对，你会发现，战胜挫折后，我们自身就是一道亮丽的风景线！

6. 挫折孕育着辉煌

人的一生有许多挫折、逆境和困难，更何况是正处于青春期的青少年呢？但需要注意的是，挫折一次，对生活的认识才会更全面一点；失败一次，对人生的醒悟会提高一层；不幸一次，对快乐的内涵体会的更为深刻。所以，青少年朋友们，不妨给悲伤一个理由，给享乐一种说法，给绝境一个出口，给幻想一点空间。理想的花，孕育得更多，唯有如此，绽放时，才惹的我们泪下沾襟。

◎经历挫折会更辉煌

著名思想家波普说过："并非每一个灾难都是祸；早临的逆境常是幸福。经过克服的困难不但给了我们教训，并且对我们未来的奋斗有所激励。"

山里住着一位以砍柴为生的樵夫，在他不断地辛苦建造下，终于盖起了一间可以遮风挡雨的屋子。有一天，他挑了砍好的木柴到城里交货，但当他黄昏回家时，却发现他的房子起火了。

左邻右舍都前来帮忙救火，只是因为傍晚的风势过于强大，还是没有办法将火扑灭，一群人只能静待一旁，眼睁睁地看着炽烈的火焰吞噬了整栋木屋。

大火终于灭了，只见这位樵夫手里拿了一根棍子，跑进倒塌的屋里不断地翻找着。围观的邻人以为他是在翻找藏在屋里的珍贵宝物，所以也都好奇地在一旁注视着他的举动。

过了半晌，樵夫终于兴奋地叫着："我找到了！我找到了！"

邻人纷纷向前一探究竟，才发现樵夫手里拎着的是一柄柴刀，根本不是什么值钱的宝物。

樵夫兴奋地将木棒嵌进柴刀把里，充满自信地说："只要有这柄柴刀，我就可以再建造一个更坚固耐用的家。"一无所有的樵夫并没有因此而跃入生命洼谷一蹶不振，而是如他自己所言，用那柄柴刀为自己重建了一个更加美好家园。这不就是属于他的成功吗？

自古以来，大多成功者从来没有被困难击过，而是在被击倒后，还能够积极地往成功之路不断迈进的人。

我国古代黄河部落杰出首领舜，最初只是一农夫，三十岁时，才被尧起用。发明家爱迪生家境贫苦，只上了三个月的学。但他刻苦钻研，为人类作出了巨大贡献。物理学家居里夫妇为了提炼镭，在"共和国不要学者的"豪华巴黎，只能在一个没人要的小木棚里，坚忍不拔的工作了四年。世界著名球王贝利，开始踢球时，人家骂他"黑货色搞不出什么名堂。"可他毫不气馁，刻苦训练。即使走在街上，也要边走边踢一只用烂布做成的球。

这些人能够变逆境为顺境，并走向成功，是因为他们有坚强的意志，而脆弱的人面对逆境，则会一蹶不振，甚至有轻生的念头，因而无法重新站起来。所以，"逆境出人才"也是建立在面对逆境，努力拼搏的基础上。

人生并不是一帆风顺的，各种各样的挫折都会不期而遇。幸运和厄运，各有令人难忘之处，不管现在的青少年得到了什么，都不必为

了它而张狂或沉沦。

俗话说："天无绝人之路"，虽然生活会给我们带来各种各样的问题，但同时上天还会赐我们解决问题的能力。

因此，新一代的青少年不必乞求每天都是阳光明媚，暖风习习。因为随时随地都可能会有狂风大作，乱石横飞。无论是哪块石头砸到了你，你都应有迎接厄运的气度和胸怀，在打击和挫折面前做个坚强的勇者，跌倒了再重新爬起来，将自己重新整理，以勇者的姿态迎接命运的挑战。

◎奇迹多是从逆境中诞生

培根说过："奇迹多是从逆境中出现的。"法国画家约翰·法郎索亚·米勒年轻时的作品一幅也卖不出去，他陷在贫穷与绝望的深渊里。后来，他迁居乡间。虽然他仍然未能摆脱贫困的厄运，但是他并没有停止作画，从此他的画更多表达美丽的大自然和淳朴的农民。其中《播种》、《拾落穗》等作品，还成为美术画廊上的不朽之作。如果他没有那种不抛不弃、奋勇前进的精神，是永远都不会诞生出不朽之作。

由此可以看出，无论处在如何痛苦的环境中，只要顽强不屈，勇往直前，那么必然会创造出辉煌的人生！

逆境里成长，品尝青春路上的"苦涩"咖啡，让现代青少年多了一份勇敢，少了一丝畏惧；逆境里生存，学会发奋努力，学会忘记安逸；逆境里拼搏，多了一份对顺境的渴望，学会对顺境的珍惜。逆境让他们把努力向上当作一种信仰，青少年的潜力得到最大的发挥，生命的宽度得到延长。

法国大作家大仲马曾在名作《黑郁金香》中写道："最值得骄傲的树苗是从平常的树枝上嫁接出来的，巨大芬芳的玫瑰是从素淡的四瓣蔷薇上开始的。"是的，不管在怎样恶劣的环境里，只要有一棵顽

强而坚韧的种子，它就必将发芽、开花！

　　然而，在现实生活中，总有一些人只会羡慕伟人炫目的光彩，却不能理解他们生命中所经历的挫折，更不能看到伟人背后累累的伤痕，当然就不明白这美丽的光环正是由血泪凝聚而成的。所以，才会有人感叹生不逢时，才会有人哀呼天有绝人之心，才会有人摒弃凌云斗志，郁郁潦倒。生命给他们的机会，他们轻易放过，最终不能成就生命的辉煌，只能在挫折中销声匿迹了。

　　凄凄芳华生于野火的侵淫，雏苍鹰在暴风雨中飞翔，"蛟龙须待春雷吼，雕鹗腾飞万里游"，而坚韧的个性需要在失意的漫游中锤炼和涤荡。

　　平静的水面，连不出精悍的水手；安逸的环境造不出时代的伟人；胜利的鲜花从来就是在血汗中绽放；荣誉的桂冠总是在斗争中用荆棘编织。所以青少年朋友，请张开怀抱迎接挫折吧，不仅因为世间万物经受挫折后，往往会被锤炼得越真越纯，还因为在挫折中更能显示出你的本色，更因为挫折孕育着辉煌！

7. 在绝望中寻找希望

　　俞敏洪曾经说过："在绝望中寻找希望。"这是致青年学子的五句话之一。其寓意就是抛开曾经的荣辱得失，每个人都将在浓黑的悲凉与赤红的酷热中做出暂时性的人生定位。转过头告别那恋恋不舍的青春园地，远处是高山，是密林，有风雨，也有荆棘。踏过青青草地，青少年的人生才刚刚开始！

　　◎**百年人生无坦途，处处风波处处愁**

　　有两只青蛙在觅食的时候，不小心掉进了路边的一个牛奶罐里，牛奶罐里还有为数不多的牛奶，但是足以让青蛙们体验到灭顶之灾。

一只青蛙想："完了，完了，全完了，这么高的一只牛奶罐，我怕是永远都是出不去了。"于是，它很快就沉了下去。

另一只青蛙在看见同伴沉没于牛奶的时候，它却没有沮丧和放弃，而是不断告诫自己：上帝给了我坚强的意志和发达的肌肉，我一定能够跳出去。于是，它鼓起勇气，鼓足力量，不停地在牛奶里游动，并一次又一次奋起、跳跃……生命的力量和美好展现在它每一次的搏击与奋斗里。

不知过了多久，这只青蛙突然发现脚下的牛奶变得黏稠了，原来，由于它不停地游动和反复地跳跃已经使液状的牛奶渐渐变成了奶酪。这个发现让青蛙兴奋不已，虽然此时它已经筋疲力尽了，但它还是鼓起最后残存的力气，坚持不停地继续游动、跳跃……

牛奶终于变成了一块奶酪，第二只青蛙用自己坚持不懈的奋斗和挣扎终于换来了自由的那一刻。它踩着坚实的奶酪从牛奶罐里跳了出来，重新回到绿色的池塘里。而另一只青蛙则永远留在了那块奶酪里。

这个故事告诉青少年一个道理：一个人在遇到困难的时候，要具有坚强的品格和坚忍不拔的精神，不要绝望和放弃，只有这样才能够跨越生命的坎坷。

其实，希望和绝望都不是绝对的，人内心深处强烈的希望往往又是建立在无比的绝望中的。

所谓"百年人生无坦途，处处风波处处愁"。当在漫漫人生路上遇到了挫折、烦恼，失去了鲜花、掌声时，青少年是不是会选择绝望呢？也许绝大部分的青少年都会选择这条错误的道路，最后走向一条绝路——死亡。不少的青少年在面对失败时选择了绝望。在他们绝望时，却不知绝望后紧跟着希望。

在战争中，一位将军被俘虏了，被关在一间单人囚室里。

那段时间阴雨绵绵，望着迷蒙的天空，他不禁想起远方的亲人，可眼下却被关在囚室，一筹莫展，不知道敌人将会如何处置他，不知道还有没有机会见到自己的妻子和孩子，不知还能不能重整旗鼓、东山再起。

想着想着，他被一股绝望的情绪控制了——与其这样含垢忍辱的活着，不如一头撞死在墙上痛快啊。

他拼着所有的力气，一头向墙上撞去。

就在他的头和墙碰撞的那一刹那，奇迹出现了，牢墙被他撞出了一个洞！

原来连日来的阴雨把牢墙泡软了，软得经不起他这么一撞，将军用手在这个洞周围使劲地挖，最后把这个洞挖成了一个大洞。

结果，将军顺利地逃脱了。

人是生活在绝望中的，人又是生活在希望中的，人生本身就是一种希望。没有人能准确无误地说出活在世上的意义究竟是什么，没有人是一生下来就打算放弃生命的，正是因为我们年轻，因为年轻就是资本。另外就是因为我们好学，好学就有知识，就有希望。有了希望，青少年才在生活中就淡化了绝望甚至彻彻底底地把它忘记了。于是生命又有了欢声笑语，不再有孤单寂寞的身影。

绝望是无处不在的，所以正在青春路上的青少年应明白，不能放弃任何一线出路和希望。纵然一时失意、落魄、绝望，也不应该轻言放弃，因为，世间本就是阳光四射的地方，尽管有时会有暂时的黑夜，也不应该让自己逃到一个灰暗的角落，使自己看不到任何光明和希望。其实，成败与否的关键，就是看这个人是否绝望！

◎**寻找希望，勇敢地向明天走去**

日本松下集团总裁松下幸之助曾经说过，人的一生，或多或少，

总是难免有浮沉，不会永远如旭日东升，也不会永远痛苦潦倒。反复地一浮一沉，对于每一个人来说，正是一次次磨练。因此，浮在上面的，不必骄傲；沉在底下的，更用不着悲观。必须以率真、谦虚的态度，乐观进取，向前迈进。

事实上，即使是创造了丰功伟绩的人，也不敢说自己不曾失败过。正因为有过多次的失败，才会得到多种的经验；只有经过多次的教训之后，才能够成熟起来。如果不敢正视失败，就永远不会进步。要是在失败面前强调客观原因，抱怨他人，就只会使自己一再地处于失败和不幸的漩涡之中。

那么，你可以尝试着这样做：把先前所遇的挫折、失败全当过眼烟云，不必在意，也许下一步你会走得更舒坦、更轻松，何乐而不为呢？当挫折临近时，既能自如地展望前方，也不要绝望，要学会在绝望中寻找希望，那么成功定会接踵而至。

李·艾柯卡曾是美国福特汽车公司的总经理，后来又成为了克莱斯勒汽车公司的总经理。作为一个聪明人，他的座右铭是："奋力向前。即使时运不济，也永不绝望，哪怕天崩地裂。"他 1985 年发表的自传，成为非小说类书籍中有史以来最畅销的书，印数高达 150 万册。

艾柯卡不仅有成功的欢乐，也有挫折的懊丧。他的一生，用他自己的话来说，叫做"苦乐参半。"1946 年 8 月，21 岁的艾柯卡到福特汽车公司当了一名见习工程师。但他并不喜欢和机器做伴，对做技术工作根本不感兴趣。他喜欢和人打交道，想搞经销。

艾柯卡靠自己的奋斗，由一名普通的推销员，终于当上了福特公司的总经理。但是，1978 年 7 月 13 日，妒火中烧的大老板亨利·福特把他开除了。当了 8 年的总经理、在福特工作已 32 年、一帆风顺、从来没有在别的地方工作过的艾柯卡，突然间失业了。昨天他还是英雄，

今天却好像成了麻风病患者，人人都远远避开他，过去公司里的所有朋友都抛弃了他，这是他生命中最大的打击。"艰苦的日子一旦来临，除了做个深呼吸，咬紧牙关尽其所能外，实在也别无选择。"艾柯卡是这么说的，最后也是这么做的。他没有倒下去。他接受了一个新的挑战：应聘到濒临破产的克莱斯勒汽车公司出任总经理。

艾柯卡，这位在世界第二大汽车公司当了8年总经理的事业上的强者，凭着自己的智慧、胆识和魄力，大刀阔斧地对企业进行了整顿、改革，并向政府求援，舌战国会议员，取得了巨额贷款，重振企业雄风。1983年8月15日，艾柯卡把面额高达8亿1348万多美元的支票，交给银行代表手里。至此，克莱斯勒还清了所有债务。而恰恰是5年前的这一天，亨利·福特开除了他。

由此可见，一个人不可能总是一帆风顺的。在时运不济时不要绝望，试着去寻找希望。要明白，世界上没有永远绝望的事情，只有永远绝望的人。当你遇到绝望的时候，不要把自己看成一个绝望的人，而是要为一个为希望而奔波，勇敢向明天走去的优秀青少年。

前方是绝路，希望在转角。实在不行，就转个弯，一切又会是阳光遍地、充满希望的，只要大家都坚信，前方的光明大道正向你展开。

青少年是追梦的年代，幻想占据一切的时代，同时也总是在希望和绝望之间徘徊，这也许是绝大多数青少年经常出现的心态。就像蘑菇都喜欢与潮湿为邻一样，希望也偏爱与绝望为伴。所以，当绝望光顾你时，不要心存恐惧与忧虑，还是把它当成你的邻居一样善待吧，要知道黑夜的邻居是白昼，绝望的隔壁是希望！

第二节　勇敢面对　坚定意志

1. 勇敢是成长的强化剂

　　人要学会勇敢。敢做敢当，才是现在青少年所应该有的表现。七八点钟的太阳，就应该生机勃勃，有一种初生牛犊不怕虎的精神。所以不论你经历了什么，在经历着什么，你总该明白，人生的路，总要走下去的。只要我们没有了断自己的决心，要生存下去，我们只能学会勇敢。拳击场上的拳击手，被重重的一拳击倒在地，很痛的感觉，也许觉得自己真的不想起来了，比赛能不能就此停止，能不能就这样休息。可是，他总是要站起来的，不论是在裁判数一还是数十之后，输与赢总是要站起来面对的。所以一定要学会勇敢。

　　◎**学会勇敢，希望在前面**

　　对于青少年来说，学会勇敢就很重要。因为在成长的道路上，勇敢就是成长的强化剂。因为勇敢，所以才会向成功迈进一大步，就这么简单，因为勇敢，所以一切看起来依然是阳光明媚。

　　猎物为逃避捕杀，常会竭尽心机、奋勇向前，虽逃不出魔掌，但也死得悲壮。这就是勇敢，人也一样，危急时刻，为逃离火海，有人会从六楼纵身跳下；为脱离无情之水，即使只有一根稻草，有人也会抓住不放。这是因为他的勇敢，所以在他的心里就会有一点希望，而这一点希望足以让他有重生的勇气。而具有勇敢品质的同学，往往不满足于已有的知识、成绩、现状，不墨守成规；他们的思维总是处于兴奋活跃状态，善于抓住新的知识，归纳出自己独特的见解。

在不同的字典里，对勇敢有着不同的诠释。曾经有一位军人，在回家探亲途中赤手空拳与车匪搏斗，身受重伤。生命垂危之际，他仍高昂着头呐喊："抓歹徒！"因此，有人认为：勇敢，就是捍卫人格尊严的一个支点，有了它，即使你粉身碎骨，但你依然在人们心中树立了丰碑。

而一个学生对勇敢的诠释就完全不同了。一位初二学生回答老师提出的问题，老师提问：苏东坡的诗句"竹外桃花三两枝，春江水暖鸭先知"中，为何鸭子最先感受到春江水变暖呢？这位同学回答说：因为鸭子最勇敢，只有勇敢向前的人，才能做到真正的"先知"。这位同学的发言受到老师同学们的赞赏，但更精彩的回答在后头。当老师问道：那么，你是否愿意做一位先知的勇敢者呢？这位同学回答道："我愿意，因为幸运喜欢照顾勇敢的人，这是达尔文的名言，我要向他学习。"无疑，这是位具有勇敢品质的同学，在知识的春江里，像鸭子一样，将最先感知到知识的"水暖"。

其实对于青少年来说，所谓勇敢，乃是通过自己的沉着、冷静和智慧，努力做到既拯救自己，又拯救别人！勇敢者的座右铭就是要学会双重的爱。随着年龄增长，青少年的体会也会不同。从现在做起，从自身做起，从身边的小事上做起，时时刻刻来提醒自己，其实应该勇敢的面对一切。其实有这么一句话：上帝为你关了一扇门，总会为你打开一扇窗。是的，不会总是透不过气的。所以请试着勇敢一点，因为希望就在前面。

◎生命因为勇敢而精彩

何谓英雄？何谓勇敢？仁者见仁、智者见智，书本上大抵将勇敢

分为大勇与小勇：大勇者，为国为天下；小勇者，匹夫之勇也。

做一个勇敢的人，勇敢而充满激情的活着。做一个勇敢有魄力、决断力的人，这样的人成功的机会才会更大。

有这样一个故事，说是一只会变大变小的克鲁鲁狮子的故事。胆小的克鲁鲁狮子胆小时就变小，壮起胆子时就又变大起来。其实每个人都蕴含着无穷的力量，我们应该相信自己的力量，勇敢起来，我们都可以变得很强大。

做一个勇敢的人，用自己生命的力量化解生活中的遗憾。翻开字典，勇敢的字面解释是：有胆量，不怕危险和困难，为达到既定目标而果断行动，甚至不惜献身的精神和行为。它同怯懦、畏缩、蛮干相对立。懦夫、懒汉是不愿吃苦的，也吃不了任何的苦。他们在艰难困苦面前，往往望而却步，甚至吓破了胆，他们做不了勇敢的人。

古希腊哲学家德莫克利特曾这样说过："勇敢减轻了命运的打击"。人生常常遇到许多难题，做一个勇敢的人不是一件易事。勇敢不能遗传，人并非天生就具备勇敢的品质。勇敢的获得需要培养，需要锻炼，是在生活的基础上一点一点积累起来的。

勇敢的人有勇气面对困难，会尽最大努力去解决困难，这是积极的生活方式。勇敢的人也有魄力，决断力，拥有了这些才会离成功越来越近。那些不勇敢的人，在他们必须对人对事、对生命负责的时候，他们往往选择临阵逃脱。真正的勇者，其实是不分年龄与性别的，孩童，或者说是青少年，未必就不勇敢。

曾有这样一个例证：一个人可能星期一莫名其妙地遭了一顿暴打，然后他可能星期二就开始给各个朋友打电话，他要复述这件事，他跟十个人以上复述这件事，每复述一次他可能又挨了一回打，到星期三的时候，他已经郁闷地说，我不上班了，这事太郁闷了。所以要找派

出所，去给我通缉这个人，然后再找朋友，为什么会这样，然后到星期四，就情绪更抑郁，开始跟家人吵架了，你说我为什么挨这顿打？

其实人最大的敌人，不是别人，而是自己。只有勇于面对自己心中黑暗的人，才是最坚强的人。人生中真正的险境，存在于每个人的心里。对危险的恐惧，俘虏了青少年，让他们看不清人生的真相，只有打破自己心中的屏障，才能真正把握人生。

因此，对于青少年来说，一定要学会勇敢，这是很重要的一种品质，正是因为学会了勇敢，所以在以后的人生道路上，不论有多少困难，有多少挫折，我们都不会害怕，更不会畏惧。因为勇敢，让年轻的生命从此变得精彩，让生命因为你的勇敢而变得更加绚丽多姿。学会勇敢面对，将会受益一生。

2. 敢于挑战自己

成功的过程是一个挑战的过程，挑战的不是别人，而是自己。有句话说"人类最大的敌人就是自己"，如果可以做到挑战自己，那么在成功的道路上，还有什么可以使人退缩、惧怕呢？一个人若要成功，挑战自我是很重要的，只有敢于向自己挑战才能战胜一切。

如果你没有做好挑战自己的准备，那你未来的人生路就不会那么美好。面对人生这条道路上的重重荆棘，广大的青少年朋友你做好挑战自己的准备了吗？

◎敢于正视自己

有人认为：为了生存，动物的第一反应便是勇敢地追逐或逃窜。人也一样，因此，勇敢是一种本能的迸发与冲动。许多人在看了《勇敢的心》后，都会有一种感动，那个想安居乐业的男人最后还是成了苏格兰人民心中的英雄，因为爱让他勇敢，让他奋不顾身的为自由而战，在临刑前的那声为"自由"的高呼中，人们看到的是一种英勇的坚毅的抗争，梅尔·吉普森的演绎真的让人感动。现实总是残酷的，但华莱士的牺牲更激励了大家追求自由的勇气，于是他们胜利了。因为那份勇气使他们走向了胜利，使他们赢得了苏格兰人民的自由！最后，梅尔·吉普森成功了，而他最重要的支撑点就在于他的勇敢。

　　能够勇敢面对生活最典型的例子发生在半个多世纪前，一位饱经战争和疾病磨难、双目失明并全身瘫痪的苏联残疾青年克服重重困难，以口述实录的方式完成了一部小说，这就是我们熟知的奥斯特洛夫斯基和他的《钢铁是怎样炼成的》。

　　保尔·柯察金，一生挫折无数，却能勇敢面对，不逃避，珍视生命，在种种挫败下，他一次次地倒下却又一次次地重生，最后，为世人演绎了"钢铁是怎样炼成的"。故事的主人公保尔·柯察金出生在一个贫苦的家庭里。他是个正直的青年，他吃苦耐劳，做事勤恳，因此，有许多愿意帮助他的好朋友。然而。年轻的他却在生活中时常饱受着病痛的折磨和大大小小的坎坷、困苦。他打过工，后来参了军。在战争的途中，他的身体不太好，经常昏倒、发烧，结果，保尔的双腿瘫痪、双目失明，但最后他并没有向困难低头、向病魔认输。历经艰辛，他以一颗平淡的心勇敢地面对了一切。最终，他用笔来当武器将所见所闻写在了纸上，开始新的生活。

　　著名法国作家、诺贝尔奖金获得者罗曼·罗兰为小说译本写了序。他在给奥斯特洛夫斯基的信中说："您的名字对我来说是最高尚、最纯洁的勇敢精神的象征。"作为一名青少年，我们在为主人公苦难经历和光辉奋斗历程感叹的同时，想到与保尔相比，我们的生活学习条件简直是太优越了，我们没有理由不努力学习，不然的话保尔一定会嘲笑我们的。《钢铁是怎样炼成的》应该让我们懂得了什么样的人生最有价值，那就是永不言败、奋斗的人生。

除了保尔·柯察金，还有一个张海迪，她更加的勇敢，张海迪是山东省文登县人，5 岁的时候，患了脊髓血管瘤，先后做过 4 次大手术，胸部以下完全失去知觉。这个严重瘫痪的孩子，本来可以依靠父母的收入生活。可是，她要为人民、为社会多做事情。她说："我像颗流星，要把光留给人间。"她怀着这样的理想，以非凡的毅力学习和工作，唱出了一首生命的赞歌。

张海迪面对着病魔，面对着厄运，已不再感到惧怕，她没有悲伤，没有哀叹，她无所畏惧地迎接命运的又一次挑战。她积极配合医生进行手术治疗。手术对于她来说，已成家常便饭，在她生命的历程中，光是大手术，就已经五次了。可是这第六次大手术——癌变切除和植皮手术，医生们有些替海迪担心，担心她挺不住。因为她有高位截瘫的特殊病情，手术不能使用一点麻醉药物，以防癌变组织扩散。没想到，海迪毫不犹豫地答应了。海迪忍受了常人难以忍受的剧痛，手术顺利完成。事后她风趣地对守候在自己身边的丈夫说："我都快成为'忍痛专家'了。"

曾经中国共产党中央委员会发出通知，号召全国人民特别是青少年，向张海迪学习。从此，张海迪这个名字迅速传遍祖国的大江南北，深入亿万人民群众的心中。张海迪发表了《是颗流星，就要把光留给人间》，瞬间让她的名噪中华，获得两个美誉，其中一个就是"当代保尔"。

张海迪，一位身体高位截瘫的残疾人，却能以坚强的毅力和对生活的信心和勇敢走出残疾人的阴影，做得比常人好，她的生命是焕发生机的。海迪不仅是忍受肉体痛苦、热爱生命的"专家"，她更是忍

受生活痛苦、顽强战斗、努力奉献的英雄。这位英雄至今仍在以自己的病残之躯继续为社会奉献着。

其实，有许许多多类似保尔·柯察金和张海迪的故事发生在我们身边。比如，著名女作家——岑海伦。那时在她比较小的时候，突然发高烧了，并且留下了后遗症——双目失明、双腿瘫痪。但岑海伦并没有因为她的病而失去勇气，她还想再继续学习。岑海伦就自己用顽强的意志在轮椅上自学了初中、高中、大学、研究生等的各科课程。最后，岑海伦成了赫赫有名的女作家。

对于青少年来说，每个人都是一个完完整整的人，而且每个人的智力并不差，能够学好自己的文化课。虽然，不能背起刀枪保卫祖国，也不能在熊熊大火的战场上抛头颅洒热血。但我们可以把我所学的知识，贡献给人民，为祖国的建设献出一份力量。有了奋斗的目标，有了学习的榜样，我们以后更应该要好好学习，成为祖国的栋梁之才！

◎ **勇敢支撑挑战**

勇敢是一种好的品格，在人生的旅途中，人们需要有勇敢的精神去克服各种困难，无论在学业上还是事业中，都要靠勇敢的精神去取得成功。青少年朋友应该从小就锻炼自己，让自己拥有勇敢这种气质，要敢于面对强手，在困难面前具有无所畏惧的心理素质，在竞争面前，具有不屈不挠的竞技状态。这是因为任何一种成功，都得需要勇敢来支撑，在成功者的道路上，勇敢是成功的灵魂所在。

当我们的生命遇到困难或不测的时候，我们一定要勇敢坦然地面对，想千方百计地解决困难，不能轻言放弃，绝不能向困难低头。只要我们拿出对生活坚强的意志和勇气，就会战胜一切困难险阻。生命需要勇敢，每一次的勇敢都是一种超越，每一次的勇敢都是一种蜕变，每一次的勇敢都是一种再生。

生活需要巨大的勇气，怯懦的人只是活着，他们并非在享受生活，因为他们的生命只是无奈的选择，生活对他们来说只是恐惧。生活对他们只是一种妄想，他们害怕一切，不仅害怕真实，也害怕虚假。惧怕人，也惧怕神。他们只有生活在长辈羽影下，才会发出吼叫，走出这阴影，他们只会发出垂死的呻吟。只有具有勇气的人才能生活，因为生命是不安全的。你不可将自己局限一个角落，自以为安全了，可靠了，其实那将是你生命的监狱。它只是给你暂时安全感，但它不是有生命力的。

勇敢可以使你强大，使你成功，也可以给你带来财富和魅力。勇敢的人同样也是一个普通平常的人，只要你自信自强、意志坚定，同样也会成为勇敢的人。那么怎么做一个勇敢的人呢？

首先我们要有自信心。缺乏勇气的人的最大心理障碍在于自卑，有这种心理的人，万事开头总是："我不行"、"我恐怕干不了"、"如果弄糟了多丢人"。结果无数次良机默默地错过。其实，世界上没有生下来样样都行的神童。路都是人走出来的，人的才能都是在社会实践中干出来的，勇敢的品质也是在行动中培养出来的。克服自卑的最好训练方法就是用实际的示范说明客观事物的真相，并通过亲身的反复实践认识真相，解除主观作用的不利影响。

具有勇敢品质的同学，在集体利益与个人利益相冲突时，能维护集体利益，表现出无私精神；在正义与邪恶相斗争时，能挺身而出、维护正义，表现出大无畏的气概；在他人遇到困难时，能见义勇为、乐于助人，表现出崇高的道德感情。他们的勇敢不同于鲁莽、粗暴、出风头，往往表现出机智、灵活、沉着、冷静，行为动作具有明确的目的性，并且雷厉风行，说干就干。因为他们比较自信，所以他们会既勇敢又果断的处理着事情。

其次是要确立奋斗目标，加强意志锻炼。著名物理学家李政道博士年轻时，没有静心读书的环境，他就在人声鼎沸的茶馆里找一个角落读书。开始，嘈杂的人声使他头昏脑胀，但他强迫自己把思想集中在物理知识上。经过磨炼，再乱的环境也不能把他从书本上拉开了。

这是因为勇敢的品质不是一天、一个月、一年所能获得的，需要经过不懈的努力，历经困难、挫折、甚至失败才能得到。坚强的意志是成功的保证，一个勇敢的人，同时也是一个意志坚强的人。他们在困难面前不后退、不低头，而是挺胸抬头，坚持向前走。

再次是富于冒险精神是勇敢者的鲜明特点。软弱的人总是安于现状，墨守成规，碰到事情总要想前人怎么做、别人怎么做，很少想自己怎么做，然后"依葫芦画瓢"，丝毫没有创造性。要想做一个勇敢的人，就必须有冒险意识，勇于破除传统，敢于改革创新，做"第一个吃西红柿"式的英雄。

最后是沉着、冷静是勇敢者的形象。紧急关头、慌张、忙乱本身就是怯懦的表现；而沉着、冷静、遇事不慌、处乱不惊，才能做到急中生智，从而克服困难、排解险情。这时，冷静恰是勇敢的表现。

人生最顽强的勇气是自信，最富丽的天堂是知足，宁可做过了后悔，也不要错过了后悔，生如夏花之灿烂，死如秋叶之静美。勇敢地面对人生的各种际遇，始终保持健康、乐观向上的人生观和价值观，珍惜来之不易的生命，好好地活着，认真的活着，关爱朋友，珍惜生活，善待我们生活中每一个人，让爱在世界里来回转动，让我们的生命变得更加精彩。

对于青少年来说，生命在于顽强的探索，进入无限的未知，伸向那浩瀚的星空。在生命的每时每秒里，充满着勇气和具有牺牲的精神。没有什么比生活更有价值，在你生命完结时，唯有你充实的生活，是

你的永恒。

作为当代青少年，一定要勇敢的挑战，随时准备挑战那些阻碍你前进的一切困难，你的人生会因此而丰富卓越，世界也会跟随着你的步伐向前迈进。只有敢于挑战自己的人才能成功；只有敢于挑战自己的人生才是有价值的；只有敢于挑战自己的人生才是多姿多彩的。

3. 勇气使你立于不败之地

歌德曾说："你若失去了财富，你只失去了一点；你若失去了荣誉，你就失去了许多；你若失去了勇气，就把一切都失去了。"生命对于现实生活的每一个来说，少的是平坦，多的是坎坷；少的是美妙的乐章，多的是沉重的低音；少的是开怀大笑，多的是痛哭流涕。所以想要成功，就必须有足够的勇气来面对这一切，不论你经历什么，在经历着什么，总该明白，人生的路不管是好是坏，总要走下去。青少年作为初升的太阳，更要有一种初生牛犊不怕虎的精神，敢于面对，敢于挑战。

◎勇气是成功的前提

每次公司有新员工进来，总经理都会当着全体员工宣布一条不成文的纪律："谁也不要走进8楼那个没挂门牌的房间。"每次也会有员工好奇地问原因，但他只说这是规定，没有原因。从此以后，公司里的人没人一个人违反他的禁令走进8楼那个没挂门牌的房间。

一次，公司又招了一批员工，总经理像往常一样在全体员工大会上宣布这条规定，台下静悄悄的。突然听到一个年轻人带着疑惑与不解问了一句："为什么？"，总经理听到后依然满脸严肃地说："不为什么，你只要照做就行了。"

随后的几天里，年轻人一直带着疑惑在工作着，他很好奇这个公司的经理为什么要这样做？这里面到底有什么玄机？其他工友见了都好心的劝他，不要多管闲事，只有做好自己的事想办法过了试用期才行。但年轻人百思不得其解，他决定抛开"听总经理的没错"的劝言，把事情弄个明白，即使真的因此而被开除。

一天，他趁人不注意，偷偷的爬上 8 楼，走到那扇没有门牌号的门口。年轻人轻轻地敲了敲，但没有反应，他又轻轻的一推，门居然没有上锁，开了。屋里满是灰尘，除了一张桌子什么也没有，年轻人走了进去，在桌上发现了一张纸牌，虽然很脏，但还是能清清楚楚的看到上面用笔写的几个大字"请把此牌送给总经理"。年轻人拿起纸牌想，如果我把这个交给经理就等于自己承认进了这个禁止入内的房间，但如果不交……思考片刻后，他走出房间直奔经理办公室。当总经理看到纸牌时并没有发火，而是激动的宣布："你被任命为销售部经理助理了"。

几个月后，年轻人所领导的队伍把公司的工作做的红红火火，他也被升为经理。

的确，生活中所走的每一步都需要很大勇气，也是因为勇敢，所以才会向成功迈进一大步。生活中，勇气是接受挑战的信心、是承受失败的力量、是做出选择的决心、是坚持到底的毅力、是从失败中重新站起来的坚强。青少年也需要勇气来为自己的人生打气，挑战所有的考验，攀登生命的高峰。其实，很多时候，成功的大门都是虚掩着的，困难只是被我们无意识的夸大而已，只要有勇气，勇敢地去敲，大胆地往前走，呈现在你眼前的将是另一片崭新的天地。

◎ 敢于挑战，不轻言放弃

成功者拥有什么？智慧？才华？不，是勇气，是敢于挑战一切的

勇气，是面对各种困难、挫折的勇气。英国小说家柯鲁德·史密斯曾说："对于我们来说，最大的荣幸就是每个人都失败过。而且每当我们跌倒时都能爬起来。"纵观古今中外所有成功者，他们无不是笑着面对人生的巅峰和困境，在属于自己的道路上无所畏惧，一往无前，而这需要的就是勇气。

伟大发明家爱迪生一生有近千项发明。仅仅是电灯泡这一项发明就历经了1000多次的失败，可见他一生经历了多少的失败。曾有人问他，在一个发明失败了1000次后，有什么感受，就没有想过放弃吗？爱迪生回答说："怎么能说是失败呢，应该是我发现了1000多种不适合做灯丝的材料，找到了1000多种发明电灯泡的错误方法，所以我最终能找到钨丝。"在他搞发明期间，也成了纳粹党迫害的对象，虽然经过重重困难活下来，科研的道路也充满了艰难险阻，但他并有放弃，反而倍加努力，勇敢地坚持自己的观点、理念。

在青春的道路上，勇敢的青少年有勇气面对困难，绝不能向困难低头，敢于千方百计地解决困难，也正是因为有足够的勇气，才能突破困境，获得成功。的确，"放弃"只要一句话，而"成功"却需要一辈子的坚持。对于青少年而言，对生活、对未来有着无限的憧憬，但也有着无限的恐惧，这就需要拿出对生活坚强的意志和勇气，勇敢的面对即将到来的每一天。即使失败马上就要降临，又有什么可怕的呢？只要勇气没有丧失，成功的希望就永远不会破灭，只要拥有成功的希望，失败就不会轻易接近。即使真的失败了，失败又算什么，只要有勇气去面对失败，有勇气去再试下一次，就还可以再一次迎接下一次的成功。

其实，做一个勇敢的人并不是一件易事，作为一个勇敢的青少年也实之不易，因为人并非天生具备勇敢的品质，这就需要青少年朋友在平时注意培养和锻炼。只有经过不懈的努力，历经困难、挫折、甚至失败，人才能得到在困难面前不后退、不低头的勇气。生命的意义在于对无限未知世界的探索，顽强的生命力，敢于牺牲的精神。越是在危险时刻，你们的勇气就越需要经受巨大的考验。

在成长的道路上，勇敢就是成功的垫脚石。它是你在成长道路上累积的经验和财富，可以使你强大，帮你从低谷中走出来，重新面对斑斓世界。人正是因为勇敢，所以才不去理会他人的说三道四，不会因他人的眼光而退却；正是因为勇敢，明知理想之路充满艰难，但还是会微笑的走下去；正是因为勇敢，所以才会坚持，才会容忍，才会成功。所以青少年朋友们，请勇敢地面对人生的各种际遇，珍惜这来之不易的生命，让生命变得更加精彩。

4. 没有翅膀也可以飞翔

每个人都有属于自己的花朵，幸福其实并不那么遥不可及。即使没有翅膀，也可以展翅飞翔。或许你曾经幻想着自己能够拥有一对天使的翅膀，自由自在地飞翔在蔚蓝的天空中。可是突然有一天，你发现自己不但不会生出翅膀，而且连腿也断了，天空从此消失了，这时你会做何选择，难道还要失去大地吗？明智的你，绝对会说：不，虽然腿折了，但是我还可以站起来走路，虽然没有了翅膀，但我仍然可以飞翔。

◎没有翅膀也可以创造奇迹

每个人都在寻找一种事物，这种事物能让所有的事情都变得完美无缺，它被隐藏在一个神秘的地方。你可以在孩子们天真无邪的脸上找到它，可以在充满爱的眼神中找到它。有些人会在每天的清晨找到它并分享它，有些人过着孤独的生活。也许别人无意中的话便能让你哭笑不得，你可以在深厚的友谊中寻找到它，并且让它陪伴你一生。然而当你懂得了这种情感重要性的时候，你就会明白，没有翅膀你也可以飞翔。即使它看起来是不可能存在的，你也会在每一个梦中苦苦追寻。它会给你力量，和你在一起才能使世界变得更加完美，因为它就是你最特别的梦。没有翅膀你也可以飞翔，这是你生命真正意义的开始。

在生活中，总有那么一种声音在为你呐喊，为你点燃激情，使你张开翅膀，冲破旅途中的苦与累。因为你知道在那不远的前方，有你温暖的避风港。那一刻，在一片欢呼中，会让你张开双臂飞得更高更远。或许，未来道路上迎接你的不一定会是鲜花的海洋，但却不会有遗憾，卷起翅膀，重新为梦想起航，树立起迎接下一个挑战自己的勇气。你会清晰地意识到支持的力量永远不会间断，在你背上有着一双隐形的翅膀，会伴随你一生。给你支持的力量，给予你翅膀，让你载着他们的梦想飞翔。

青春之路就像一个未解之谜，有时候谜底好像就在我们眼前，却又变得是如此模糊。可一旦你真正认识了它的真实面目，你的生命此时已经过去了一大半。一个人活着，不在于天赋有多高，而在于对自己生命价值的展现程度。所以，我们要热爱生命，珍惜生命，感悟生命。鄙视生活中那些看破红尘的轻生者，因为那是对美好生命的一种践踏。我们应以一颗平淡的心坦然去面对，笑对人生。人生是生命的延续，是生命的体现。生命的意义在于创造生命过程中的美好和精彩，生命的价值在于能够坦然地欣赏人生的美丽和悲壮。不管经历多少次的挫折和磨难，都要勇敢地去面对自己的人生。

◎没有翅膀也可以演绎精彩人生

无臂女孩用双脚书写的人生，她那种倔强的精神使我们每一个人都深受感动。虽然她没有坚实的臂膀，但却有一颗无比坚强的心。

她曾用双脚写下过这样的话"没有翅膀，也可以飞翔"，感动于这种旺盛的生命力。没有翅膀也可以飞翔，翅膀健全的人，未必有飞翔的勇气。每个人都有一双隐形的翅膀，它可以带你渡过难关，飞跃沧海。即便是断了翅膀的雄鹰，只要翅膀还在，就有飞翔的希望。经历了转变经历了挫折，还能重新再站起来的人，才是真正意义上的生命中的强者。身体的创伤，历经时间的考验，终究会修复；而心理的残疾，需要用太多的时间，能否真正愈合，还要靠自己的毅力。

她说："我的第一次生命是母亲给的，而第二次生命需要我自己来赋予。"她用常人难以想象的坚强演绎了生命的奇迹。她的成长经历，让我们知道，坚强乃是她与苦难命运抗争的惟一武器。或许是命运的不公，让她过早的失去了双臂，但命运却为她保留了最完美的形体，赠予她了坚韧和乐观的品性，带她到达尊严的高度，收获生命的光亮。

在她三四岁的时候，当同龄的孩子在父母怀中撒娇时，她懵懂的意识到自己与其他的孩子不同，因为自己没有双臂。然而，面对命运的捉弄，她并没有认命，为了弥补自己双臂带来的不便，她开始锻炼着用双脚来代替双手，用脚学习穿针引线，用脚练习写字、洗脸，甚至用自己柔弱的双肩学习骑自行车。经历了一次次的失败，一遍遍的练习，在这些被常人看作是不可能完成的事情，在她双脚的作用下都变为了现实。她用自己的双脚创造着奇迹，用双脚演绎着自己原本并不完整的人生。

刚上小学时，失去双臂的她在那些不懂事的小朋友眼里显得十分离奇，他们取笑她，疏远她，不和她玩，甚至用一些刺耳的话语中伤她，放学了没有小朋友愿意和她一起回家。当她一个人走在路上的时

候总会招来人们异样的目光，所以，一放学她就拼命地往家跑，回到家里就把自己关在房间里大哭。这个无比坚强的女孩子，面对生活，从来都是那么的从容淡定，从来不在老师和同学面前流泪。当自尊心受到伤害时，虽然心里会很难受，但每次哭过之后，她会变得更加坚强。

她是一个乐观向上、充满自信的女孩，虽然命运并没有让她同其他人站在同一起跑线上，却催生了她内心里一双强健的翅膀。这双翅膀带她飞上胜利的高度，俯视人生劫难。尽管没有了双臂，但她一直心怀梦想，所以她的脸上时刻洋溢灿烂的笑容。生活中的她，喜欢画画和唱歌，她和同龄女孩一样充满阳光。在思想上，她比同龄人要成熟许多，她对未来充满了向往，对人生有着更多的理解。

她曾说过："在我骨子里有一种与生俱来的韧劲吧。别人越说我不行，我就用行动去证明给他们看。"只要相信奇迹的存在，只要不抛弃不放弃，一切皆有可能。

她是一个充满感恩的女孩，在受到别人关爱的同时，时刻想着要为他人做些什么。无臂女孩曾让无数观众为之落泪，她对美好生活的向往，她那种不被现实所征服的精神激励着我们每一个人。她让我们相信，有梦想就可以起航，没有翅膀也可以飞翔。

5. 勇敢地面对生活的挫折

巴尔扎克曾说："不幸，是天才的进身之阶、信徒的洗礼之水、能人的无价之宝、弱者的无底之渊。"随着当前社会竞争力的增强，人们的心理压力也越来越大。但对于青少年来说，心理承受能力还不是很强，所以当遇到挫折的时候，常常会很受打击，一时不知如何应对。不过，这也是情有可原的。

◎挫折是人生的必修课

青少年正处于心理和生理发育的关键时期，也是他们在人生的第二个"断乳期"，而这个时期，也是青少年的"心理扰动期"。心理学家说："在人生的各个阶段中，青少年时期是最叫人忧虑的。"第一，儿童时期适应不良所积累下来的问题到青少年时期表现得更加明显与严重；第二，青少年是个体从儿童期过渡到成人期的关键阶段，在追求独立与建立自我过程中，常会发生特殊的适应困难；第三，初中阶段亦是人生观、世界观的形成时期，在这个时期，青少年的是非观念，处事方式，行为习惯，价值取向等都开始表现出自己的个性，而这些个性是否能够适应现实生活，将直接影响到他们的心理承受能力和耐挫折能力。

因此，如何面对生活和学习中的困难与挫折，拥有积极健全的心态，成为困扰着青少年的关键问题之一。其实，对付挫折最好的办法，就是勇敢地面对它。

一个人在为自己的理想奋斗、拼搏的过程中，总会遇到许多坎坷挫折，而能否跨过这些"坎儿"，就要看你是否要勇敢地去面对了。一个人只有勇敢地对困难说"不"，并且用积极乐观的心态去战胜它，才能成为真正的强者。而世上所有的成功者正是抱着这种心态，以"无论面对任何困难，都不屈服"的韧劲，才最终取得成功的。

挫折是什么，挫折就是指人的意志行为受到无法克服的干扰或阻碍，预定目标不能实现时所产生的一种紧张状态和情绪反应。而对于每个人来说，遭遇挫折是不可避免的。挫折是客观存在着的，它对人有弊亦有利。对于抵御挫折能力强的人来说是一种动力，它可以激发个体的意志努力，更坚定地朝着自己预定的目标奋力前进，直至达到目标。在这个过程中，他们可以面对现实社会，不断调整自己，不断战胜困难，体验成功的喜悦，积累成功的经验，自信心不断得到增强，人生价值感得到提升。而对抵御挫折能力弱的人来说，挫折即是毁灭，它会把人压折了腰，他们通常表现为不能正视现实，对未来总感到失望，感到迷茫，感到无所适从，经常采取逃避行为来应付自己所处的环境，甚至自虐自残。

◎**勇敢地面对挫折，培养抵御挫折的能力**

所以，要想彻底战胜挫折，就要培养自己面对挫折的勇气和抵御挫折的能力。只要你拥有了这两样法宝，那么在任何困难挫折面前，你可谓是"刀枪不入"。那么，我们应该怎样培养自己面对挫折的勇气和抵御挫折的能力呢？不妨从以下几点做起。

1. 正视挫折。不要害怕挫折，要正视它的客观存在。你要认识到，理想是美好的，但实现理想是非常艰巨的；经受挫折是人们现实生活中的正常现象，是不可避免的，社会的进程如此，个人的成长经历也是如此。多参加一些活动，比如组织故事会、报告会、学习名人、伟人正确对待挫折的态度，并多参加长跑、义务劳动等，逐渐培养自己战胜困难的勇气；平时也多做一些难题，以磨炼自己的意志，培养自己敢于竞争与善于竞争的精神，使自己在面对挫折时不气馁，然后，刻苦攻关，勇攀高峰。

2. 培养自己的自信心。自信是一个人心理健康的重要标志，也是一个人生命的灵魂，是一种无敌的精神力量。而自信心则是一个人重要的心理品质。心理学家普遍认为，自信和勤奋是一个人取得好成绩的两个重要因素，也是学生长大成才的重要心理品质，国家的富强、社会的进步需要人们具备这两个重要因素，同样个人的成长也需要这种自信。在社会激烈竞争中，这种自信尤为重要。

3. 学会正确地处理人际关系。和谐、融洽的人际关系，是一个人身心健康成长的保证。平时多学习人际交往方面的知识，掌握人际关系的准则，并和同学相互沟通、多交流，让自己在理解他人、关心、帮助他人的过程中，掌握一定的道德概念，体验一定的道德情感，实践一定的道德行为，在和谐、融洽的人际关系中健康成长。

4. 培养自己的耐受力，提高生命的韧性。爱迪生曾说过："伟大人物最明显的标志就是他坚强的意志，不管环境变换到何种地步，他的初衷与希望仍不会有任何改变，而终于克服障碍以达到期望的目的。"所谓耐受力是指当个体遇到挫折时，能积极自主地摆脱困境并使其心理和行为免于失常的能力。积极的心理耐受力源于个体的心理韧性。所谓心理韧性是指个体认准一个目标并长期坚持向这一目标努力，在此过程中，做事不虎头蛇尾，不半途而废，不达目的决不罢休。如果你具有百折不挠的毅力、坚忍不拔的意志、矢志不移的恒心和乐观自信的精神，那么你的抗挫折能力自然就强，对挫折适应能力也强。像张海迪、桑兰这些身残志坚的人，她们无不是具有超过常人的意志力。所以，有时候培养积极健全的心理比锻炼一个健康的身体更为重要。

总之，挫折对青少年来说是暂时的，但也是永远的。所以，如何、怎样面对挫折将贯穿一个人成长的始终。但困难和挫折，对于成长中的你来说，绝对是一所最好的大学。

一个孩子，如果在成长中没有经历过困难和挫折，那他就品味不到成功的喜悦；一个人，如果没有经历过苦难，那他就永远感受不到什么是幸福。不管是什么人，只要他没有尝过饥与渴的滋味，他就永远体会不到食物和水的甜美，他也就不懂得生活到底是什么滋味。

勇敢地面对生活中的挫折吧，这是一种智慧，是一种收获。

6. 永远不向挫折低头

青少年的成长之路就是无数次摔倒在泥泞中，又无数次的爬起来，继续前进。成长之路就是在失败中接受磨难，在成功中接受安慰。失败乃兵家常事，乃人生常遇。但是无论在任何情况下，请你都不要轻言失败，永远不要臣服于挫折。

永远不要向挫折低头是人生的忠告。

◎挫折不怕，青少年成长的必修课

爱迪生一辈子有大约 2000 多种新发明，像电灯、电影、留声机等，都是爱迪生发明的。从 1847 年 2 月 11 日诞生到 1931 年 10 月 18 日逝世，爱迪生活了 84 岁，有人计算了一下，他平均每 15 天就会有一项新的发明。看上去，搞发明对爱迪生而言，就如同家常便饭一般。事实上，任何发明都不轻松，就拿电灯的发明来说吧，爱迪生在发明他的时候，经历了千辛万苦，仅是为寻找合适的灯丝材料，就试验了几千种耐热和抗氧化的材料。

总而言之，在爱迪生研制开发的过程中，他用自己顽强的毅力，不甘低头的决心，终于找到了可以实际应用的竹丝灯，给千家万户带来了由电发出的光明，这种竹丝灯在市场上一连使用了许多年。后来，爱迪生又发明了一种化学纤维，把它炭化后代替竹丝炭化的灯丝，灯泡的寿命又有一定的提高。

爱迪生，他的名字享誉全球，可真正震撼每个人的是他那豁达的心胸和不向挫折低头的品格。所以有人说，大海是辽阔，可比大海更辽阔的是人的心胸，爱迪生就有这种辽阔深远的心胸，他的品德比他的名字更响亮。

人生本身就是一条曲曲折折、坎坎坷坷的路，有欢笑，也有痛苦；有鲜花，也有毒藜；忧喜悲欢皆是歌。也许命运正在苛刻地对待着你，

渴望一帆风顺，却时时事事不顺人意。古今中外，任何一个人在成长的道路上，都会遇到这样那样的困难和挫折，挫折感是普遍存在的现象。面对挫折不要绝望，人在成长的过程中，尤其是青春年少时，困难和挫折是不可避免的，一定要看到你还有胜利的机会。挫折面前要以锲而不舍的精神，迎难而上，坚持下去，这样才能取得事业的成功。

◎挫折是成功途中的考验

在通往目标的过程中，因为自己的行动多次受阻而产生的绝望感，是自己在自己心中滋养起来的障碍。倘若我们在挫折之后对自己的能力或"命运"发生了怀疑，产生了失败的情绪，想放弃努力的话，那么，此时的青少年就已经失败了。面对困难，很多青少年都望而却步，而只有敢于品尝青春路上的"苦涩"咖啡的青少年才深深地懂得，如果不勇敢地与挫折拼搏一番，哪怕成功离你一步之远，也会与你擦肩而过，挑战过后，也会发现，困难也不过如此。

青少年的成长历程如同打牌一样，拿到什么牌其实并不重要，如何把手中的牌打好才是最重要的。困难和挫折在所难免，遇到了挫折就把它当作一次跋山涉水。"无限风光在险峰"，不饱尝痛苦地寻觅，哪能领略成功的甜蜜。这个时候，青少年朋友更应该用自己本身的力量去渡过难关，挑战挫折，这是一种快乐，这种快乐是胜利的快乐。正因为这种胜利来得很艰难，正因为和痛苦战斗的时候，非常之困难和艰险，所以最后胜利的凯歌将会更加动人、响亮。

人生何处没有风景，生命本来就是一连串的战斗。有些青少年在逆境中，熬一熬，忍一忍，再拿出一份信心和勇气，照样能把风景般的笑脸映进时光的底片中。这种无私无畏，不屈不挠的精神，是风景中的风景，美丽中的美丽。

有这样一句格言："挫折是成功途中的考验，懦弱的人必然在挫

折面前低下高贵的头颅，只有坚强的人，才会用自己的智慧和力量，去挑战挫折，认认真真地走自己的路程。"人生不可能每个日子都灿烂辉煌，欣然接受每一次挫折乃至失败，永远不向挫折低头，你就会为自己创造机会。承受得越多，生活才越充实，生命才会更有力量，思想的高度才会越拔越高。

海浪的品格，就是无数次地被礁石击碎，又无数次的扑向礁石。蜘蛛的网，无数次的被摧毁又无数次的被修好。永不言败是一种锲而不舍的精神。失败是一种打击，一次次的失败重创着心灵。当心灵受到一次次血洗时，那么正处于青春年少的你是否有勇气去尝试、去拼搏、去失败。

永远不要向挫折低头，这需要信心，更需要勇气。

7. 在受伤中学会坚强

心理学认为，挫折是在有目的的活动中遇到无法克服的心理障碍或干扰所造成的，因为自己所需要的没有得到而产生的消极心理。在生活中挫折是对勇气的最大考验，就是看一个人能否做到败而不馁。

青少年时期有许许多多的幻想和目标，为将其变成现实，他们会付出种种努力甚至刻意的追求。当这种需求持续性地不能得到满足或部分满足时，他们的心理就会产生挫折感，所以挫折也可称为是需要得不到满足时的紧张情绪状态。如果挫折产生于较为重大的目标，如学业、工作、爱情等上，这种挫折可称之为失败；如果这种挫折的障碍与压力持续时间长，影响范围广，将会使其处于一种不利身心发展的人生位置，则称为身处逆境。挫折、失败和逆境会给青少年带来紧张状态和失望、压抑、沮丧、忧郁、苦闷等紧张心理状态和情绪反应，心理学上称之为挫折感或挫折心理。

◎**不经历风雨，如何坚强**

英国哲学家培根曾说："超载自然的奇迹多是在对逆境的征服中

出现的。"如果你是一株小树苗，经过阳光雨露的洗礼必能长成一棵参天大树；如果你是一只雏鹰，经过不断的飞行训练必能在蓝天翱翔；如果你是一条小溪，只要奔流向前，你必能到达自己的目的地。我们在生活中总会遇到一些苦涩，在苦涩中青少年应该做的就是学会坚强。

春天的风雨总是像母亲的手那样温柔地滋润着万物，但最先蠢蠢欲动的总是小草，它们不管如何艰难都会坚强地从泥土里钻出来，为山野铺上一层绿色，充当着春的使者，是春天的风雨让小草如此坚强；夏天的风雨是疯狂而肆虐，但饥渴的万物都在等待着夏雨的恩赐，同时屈服于夏天，然而，荷花却坚强地屹立在自己的那一片小水潭中，偶尔有雨滴落在它宽大的荷叶上，它却固执地抖一抖身子，把雨滴甩出很远，在风雨中，构成一幅"风荷举"的美景，是夏天的风雨让荷叶学会坚强；秋天的风雨冷漠而萧索，大树的叶子已经枯黄，在一阵秋风秋雨中，枯叶飘然而逝，安静地躺在那里，等待着腐烂，也等待着重生，去解释"落红不是无情物，化作春泥更护花"的情怀，是秋天的风雨教会落叶坚强；冬天的风雨肃杀而残忍，它们以自己的威力逼迫万物屈服，只有梅花敢于反抗冬天的暴政，扎根于雪地下，生长在寒风中，用曲折坚硬的枝干展示着自己的坚强，用红得夺目的鲜花诉说着自己的毅力，是冬天的风雨让梅花变得坚强。大千世界，万物的坚强都是在风雨中铸就的！

只有在风雨中，现代青少年才能够真正学会坚强。当你面对机遇时，才能像小草破土一样，意气风发，踌躇满志；当你面对世俗时，才能像荷花自洁一样，不为所动，高洁傲岸；当你面对失败时，才能像落叶归根一样，从容不迫，无私依旧；当你面对困难时，才能像梅花凌寒一样，无所畏惧，勇往直前。

世间万物恒如此，不经历风雨，如何学会坚强？当枯叶纷纷凋落，秋林显出了她的秀逸，却仍有几片顽强的叶儿像是点缀，迟迟不愿落

下，夹杂着一份不在意世事繁华的孤傲，可最终逃不过地心的羁绊，缓缓地，不甘心地落下来，准备着来年的重生，不屈不挠。人生路上也必然风雨交加，就像叶儿，不经过秋风秋雨的洗礼，它怎么能坚强？漫漫旅途，谁能预测前路是鲜花丛生还是荆棘密布。若人生路上阴风阵阵，道路崎岖，除了坚强面对，你找不到自己的出路。

作为年轻的一代，在追赶梦想的路上有低谷也有暗礁，谁说失败了就再难抬头，在自由的海域里，没有了暗礁，才是最大的不完整。只有不断地经历失败，经历风雨，不徘徊不迷失，看到远处的绚烂彩虹，平静一些，坚强一些，光辉的人生将会写满灿烂。毕竟，你被搁浅的，不是泥沙也不是海湾，而是一颗不坚强的心，你不愿起航，怕没了方向，只好乱撞乱闯。其实，人生路上总会有太多风雨，也难免经历痛苦和挣扎，最重要的是你要保持一颗坚强的心！

◎风雨即挫折，挫折要坚强

人生在世，总是力求路途平坦，波澜不惊，期待前进的路上，即使没有莺歌燕舞，没有千娇百媚，最好也没有风雨，没有挫折。然而，万事岂能尽如人意，人生之路总是风雨交加，挫折不断，只有越挫越强才能活的有滋有味！

风雨即是挫折，它是人生的一笔财富，没有挫折的人生，永远学不会坚强，这从某种意义上来说是黯然失色的。毕竟，挫折会让你变得聪明而坚强，成熟而完美。于是乎，你要勇敢地面对挫折。

然而，在现实生活中，某些人偏偏被狗咬过一次了，却又被狗咬了！当看到狗时，为了避免被狗咬，有人采取大呼小叫、拔腿逃跑的办法，结果适得其反，助长了狗的嚣张气焰，再次被狗咬就在所难免；有人却只是弯了弯腰，装出从地上拾块砖头的样子，狗马上夹着尾巴溜之大吉了。这就好比遇到挫折后两种人不同的做法，有人一再逃避退缩，终究失败，而有的人却选择坚强面对,最终获得了意想不到的成功。

在人生路上,虽然一帆风顺的你可以借鉴别人的经验教训,但总觉得没有风雨挫折就会索然无味。还是青少年,一定要有一颗面对风雨依然坚强的心。对于高考落榜的学子,也应该从挫折中得到启发,振作起来,开始新一轮的搏击,你比别人多了一番挫折,经受了一番磨难,那么,一旦成功,你也必然比别人更多一份喜悦。生活和学习都是不断经受风雨和挫折的过程,坚强的特质会让你更加努力和珍惜,在今后的路途中光芒四射!

生活总会有措不及防的悲剧发生,它可以降临灾难带来苦痛。芸芸众生之中,有多少人日日对着自己的悲惨身世自怨自艾,有多少人被一个横祸砸得再也爬不起来。而繁华的大街上总有很多懦弱的人蜷缩在社会的角落里乞求别人的施舍,他们不敢直面这个社会的冷漠无情。然而,既然存在于这个社会,就必须敢于正视这一份世态炎凉。

风雨便是挫折,只要你握紧拳头,便能感到自己无懈可击的力量,感受到自己心中萌动的坚强。懦弱是人的外衣,坚强来自于人的内心深处。人之初始,都会畏惧风雨,害怕挫折,害怕失败,可人却能爆发出无穷的能量,既然无法改变命运,那么,就选择坚强吧。

洪战辉的事迹在校园广为传诵,他坚持"苦难的经历并不是我们博得别人同情的资本,奋斗才是最重要的"这一道理,虽然今天他看起来依然文弱,但却是精神上的强者。风雨并不可惧,可怕的是你看不到彩虹即将到来的希望,挫折并不可怕,可怕的是你不断地躺在原地抚弄伤口。

桑地亚哥说:"人不是为失败而生的。"因此,一定要扼住命运的咽喉,只有坚强才让人有征服一切的勇气,不经历风雨,怎能见彩虹?没有狂风暴雨的历练,怎能造就出不弃的夜归人?没有炽热火红的熔炉,怎能练就出坚固的钢铁?

第二章

铸造坚定意志

第一节　正视挫折　吸取经验

1. 从跌倒的地方站起来

有人问一个孩子，问他是怎样学会溜冰的。那孩子说："哦，跌倒了爬起来，爬起来再跌倒，再爬起来，就学会了。"这看似一个简单的道理，但其中却蕴涵着深刻的人生哲学。

爱默生说："伟大高贵人物最明显的标示，就是他坚定的意志，不管环境变化到何种地步，他的初衷与希望，仍然不会有丝毫的改变，而终至克服障碍，以达到期望的目标。"

人的一生是漫长的，无论做什么事都不可能一帆风顺，将会经历挫折与坎坷。也许是在蹒跚学步时，也许是在血气方刚时，也许是在耄耋之至时，我们不慎跌倒了。或许跌得很重，或许跌得皮破血流，也或许跌得遍体鳞伤，但是我们千万不要产生依赖思想，我们万不可倒地不起，应该从跌倒的地方站起来。尽管会很痛，尽管会很艰难，但一定要重新站起来。因为人的一生不可能都傲然挺立，一帆风顺，从来不跌倒。跌倒并不可怕，重要的是你是否有重新站起来的毅力和勇气。

◎跌倒了再站起来，在失败中求胜

"跌倒了再站起来，在失败中求胜。"这是成功人士的人生理念，也是他们成功的秘诀。许多人要是没有遇到失败，就不会发现自己真正的才干。他们若不遇到极大的挫折，不遇到对他们生命本质的打击，就不知道怎样焕发自己内部贮藏的力量。

对于过去的一切，对于某些人来说是一段极为痛苦、失望的伤心史。所以，有的人在回想过去时，会觉得自己处处失败、碌碌无为，他们竟然在很有希望成功的事情上失败了，或许他们所至亲至爱的亲属朋友，竟然离他而去，也许他们曾经失掉了职位，或是经营失败，或是因为种种原因而不能使自己的家庭得以维系。在这些人看来，自己的前途似乎是十分的惨淡。然而即便有上述的种种不幸，只要你不甘屈服，胜利就会向你招手。

失败是对人格的考验，在一个人除了自己的生命以外，一切都已丧失的情况下，内在的力量到底还有多少？没有勇气继续奋斗的人，自认挫败的人，那么他所有的能力，便会全部消失。而只有毫无畏惧、勇往直前、永不放弃人生责任的人，才会在自己的生命里有伟大的进展。

或许有人要说，已经失败多次了，所以再试也是徒劳无益，这是一种自暴自弃的想法！对意志永不屈服的人，就没有所谓失败。无论成功是多么遥远，失败的次数多少，最后的胜利仍然在他的期待之中。英国作家狄更斯在他小说里讲到一个守财奴斯克鲁奇，最初是个爱财如命、一毛不拔、残酷无情的家伙，他甚至把全部的精力都钻在钱眼里。可是到了晚年，他竟然变成一个慷慨的慈善家、一个宽宏大量的人、一个真诚爱人的人。狄更斯的这部小说并非完全虚构，世界上有许多这样真实的故事。人的本性都可以由恶劣变为善良，人的事业又何尝不能由失败变为成功呢？现实生活中这样的例子也不少，许多人失败后又重新站了起来，抱着不屈不挠的无畏精神，向前奋进，最终获得了成功。

　　大作曲家贝多芬由于贫穷没能上大学，十七岁时患了伤寒和天花病，二十六岁，不幸失去了听觉，在爱情上也屡受挫折。在这种情况下，贝多芬发誓"要扼住生命的咽喉。"在与命运的顽强搏斗中，在乐曲创作事业上，他的生命之火燃烧得越来越旺盛了，创作出了《第九交响曲》等不朽之作。诺贝尔在研制炸药时，老天好像总是同他作对，经历无数次的试验，都没有成功。而在他实验过程中，他的弟弟和父亲都被炸死了，可是诺贝尔没有退缩，他坚强地站了起来，最终制造出了炸药。屈原被逐而写出了《离骚》；司马迁被处宫刑而写出了《史记》；孙膑残疾而使六国敌军闻风丧胆……可见挫折对强者是宝贵的财富。

　　每一个青年在青春的道路上，总会有挫折、失败，当你品尝到失败的味道时，要如何站起来，是非常重要的。

　　◎逆境自强，不做消极退缩的逃兵

　　美国百货大王梅西 1882 年生于波士顿，年轻时出过海，之后开了一间小杂货铺，卖些针线，铺子很快就倒闭了。一年后他另开了一家小杂货铺，仍以失败告终。

　　在淘金热席卷美国时，梅西在加利福尼亚开了个小饭馆，本以为供应淘金客膳食是稳赚不赔的买卖，岂料多数淘金者一无所获，什么也买不起，这样一来，小铺又倒闭了。

　　回到马萨诸塞州之后，梅西满怀信心地干起了布匹服装生意，可是这一回他不只是倒闭，而简直是彻底破产，赔了个精光。

　　不死心的梅西又跑到新英格兰做布匹服装生意。这一回他时来运转了，他买卖做得很灵活，甚至把生意做到了街上商店。头一天开张时账面上才收入 11.08 美元，而现在位于曼哈顿中心地区的梅西公司已经成为世界上最大的百货商店之一。

与他相比，青少年的人生之路才刚刚开始，不可能一帆风顺，难免会遭受挫折和不幸。但是成功者和失败者非常重要的一个区别就是，失败者总是把挫折当成失败，从而使每次挫折都能够深深打击他追求胜利的勇气；成功者则是从不言败，在一次又一次挫折面前，总是对自己说："我不是失败了，而是暂时还没有成功。"一个暂时失利的人，如果继续努力，打算赢回来，那么他今天的失利，就不是真正失败。相反的，如果他失去了再次战斗的勇气，那就是真的输了！

如果一个人把眼光拘泥于挫折的痛感之上，他就很难再抽出身来想一想自己下一步如何努力，最后如何成功。一个拳击运动员说："当你的左眼被打伤时，右眼还得睁得大大的，才能够看清敌人，也才能够有机会还手。如果右眼同时闭上，那么不但右眼要挨拳，恐怕连命也难保！"拳击就是这样，即使面对对手无比强劲的攻击，你还是得睁大眼睛面对受伤的感觉，如果不是这样的话一定会失败得更惨。其实人生又何尝不是这样呢？

"跌倒了再站起来"，看起来是一句鼓舞失败者最好的话，但是要真正实现起来，需要的是自我鼓励的品质和勇气。霍金凭着自己的坚强的意志向世人展示了自己的才能；凯伦·凯乐凭着自己的辛勤汗水登上了成功的顶峰。失败和困难只是暂时的，只要你有从低谷中站起来的勇气、毅力、实力。

在青春道路上随时都有跌倒的可能，而在跌倒之前你做好了"跌倒了就站起来"的准备了吗？当你一次又一次地站起，你将会日趋成熟。毕竟，雏鹰只有经历风雨的洗礼，才能成为搏击长空的雄鹰。失败后，站起来；再失败后，再站起来，这就是生命的定义。

2. 走出人生的低谷

在青春的道路上，青少年相处的境况就像季节有着寒暑之节一样，也会有冷暖交替的变化。考试失意、学业不得志、与家人无法沟通甚至是在同学中不被认同……青少年常因为无法得到他人或是自己的认可与肯定而陷入低潮。等到清醒过来再作反省的时候，偶尔会觉得当时的行为实在幼稚，或是自责自己曾经为什么那么莽撞、轻率乃至于是无知。可是，我们就这样在低潮与清醒中来回摇摆，到了最后还是回到原点，几乎没有任何的突破与成长。感觉上，自己就像月亮一样有着阴晴圆缺，仿佛已接受了命运之神预定的安排，内心却充满了抱怨与无奈。

◎不要错过青春路上的低谷

当青少年处在低潮时，其实正是好好反省，重新认识自己的机会，因为在所谓清醒的时候，往往并非是真正的清醒。不管是刻意压抑或是潜意识中，都会在有意或无心的时候，否定了内心种种的孤寂、空虚、疏离的感受，也压抑了由恐惧所引起的种种负面情绪。但这并不意味着，别人从来没有想过办法解决这个问题，别人也许曾经也看了大量关于心理励志的书籍，也听了许多朋友的分析和建议。只是到了最后，还是不忘提醒自己这样的话："书上写的，朋友说的我都懂，不过，懂是一回事，能不能做到又是另外一回事了！"就这样，不是畏惧改变，就是不耐于等待，而错失了反省自己的机会！

人在顺境时得意是非常自然的事情，但是能在低潮中苦中寻乐，或是让心情归于平静去认识平常疏于了解的自己，才能帮助自己随着经验而成长。所以，青少年要学会走出人生低谷。

生活中的低谷就像在马路上开车遇到红灯一样，是为了让青少年停下来做个短暂的休息，伸个懒腰、做做深呼吸来放松紧张的精神，甚至可以看着是否走错了方向。车子在行进当中需要集中注意力，若是没有这些短暂的休息，肯定是无法好好地继续完成旅程的。所以，在低谷中才能更清楚的认识自己！

的确，人们在顺境的时候，往往看不清自己，总是在逆境的时候才肯回过头来看看自己到底错在哪里，只有通过实践的验证才知道自己是怎么回事。当我们走了一段弯路，跌的头破血流时，才会在实践的基础上深刻反省，之后为自己今后的道路设定一个比较切合实际的目标。当青少年走出低谷时，就再也不是当初的那个自我，因此而变得成熟、坚强和理性。

只有经历了实实在在的阵痛，以后的人生道路上才能谨言慎行，正确把握自己。置身于人生的低谷有时会让我们大彻大悟，让青少年朋友在人生的低谷中学会品味人生。

如果今天的你正处于低谷之中，不要气馁，不要灰心，只要你去认真面对，就一定会有办法。当年，修正药业刚起步时，其主打产品斯达舒的广告被吊销了广审文号，听到这个消息，董事长修涞贵坐在凳子上一个多小时没有站起来。但是，修涞贵没有永远坐下去，他立即组织人力调查事件真相，积极向有关部门反映，最终解决了问题。

低谷让修涞贵清醒地认识了自己。2000 年国家药监局发文停止使用含有 PPA 的感冒药品，修涞贵的得意之作"康威双效"首当其冲。在吉林省药监局的监督下，所有现存的"康威双效"被付之一炬，直接和间接损失要超过 1 亿元。

然而，让修涞贵更为难受的是，同样因 PPA 而遭封杀的中美史克公司，早就进行了新产品的研制，封杀令一出，他们拿掉 PPA，换上

伪麻黄碱，马上就被批准上市销售。修涞贵这时候看到了和跨国公司的差距，明白了战略眼光的重要，他说："不但要走路，更要看路。"

纵观大多成功者，没有不经历低谷的。其实，低谷无非就是一位严厉的老师，它的含义是让你知道，要实现目标，现在你要做什么。如此看来，如果有低谷，那此刻的你就应该让它来得早一些。

◎低谷是一种美妙的品味

甄继先原本在化妆界颇有名气，但是在 2003 年由于各方势力的挤压，当他发完员工的工资后，连过年的钱都没有了。他想到了自杀，于是来到山上，准备往下跳。但是看到阳光灿烂，他突然有所不甘。

下山后的甄继先面对现实，不再躲避要账和找事的人，重新打出甄继先亲自讲课的广告。当时只有一名学生报名，甄继先对着这个惟一的学生讲了 10 天课，台下的学生感动得流了泪。最终，甄继先恢复了信誉，走出了低谷。他的故事通过媒体的传播打动了很多人。

我们都渴望成功，喜欢成功之后的甜蜜滋味，但成功的取得又谈何容易！成功的道路上，铺满荆棘，惟有不畏风险，敢于正视挫折，并且战胜挫折，在汗水甚至鲜血的洗礼下，也许方能踏上成功的彼岸。

人不能没有希望，每一个明天都是希望，无论身陷怎样的逆境，人都不应绝望，因为前面还有许多个明天。中国有一句俗话，叫"置之死结而后生"；西方有一条哲言，叫"绝望支持着我"。山溪面对峭壁的绝望，一纵而成为瀑布的壮观；枯木面对霜雪的绝望，坚忍而成春天的蓬勃。把绝望超越世外，把希望留存心中，你将是生活永远的强者。

有人说："低谷自有低谷的风景。"我要说：低谷是一种美妙的人生品味，它教会了我希望、忍耐和奋斗。低谷的风景忧郁而美丽。

低谷可以使我们变得对生活更执著，更沉着，更热烈。低谷更可

以使我们成功后回味无穷。

诚如孟子所云："天将降大任于斯人也，必先苦其心志，劳其筋骨，饿其体肤，空乏其身。"从这个意义上说，艰难险阻并非都是坏事。所以跌入人生低谷并不可怕，关键在于如何认识它、跨越它。

走出低谷的最好办法就是学习新知识，熟悉新领域，学到新技能。比如，步入中年有了闲暇时间，可以学学理财投资知识，可以发挥自己的特长参与有意义的活动。不管怎么样说，只有不断学习、不固守过去，才会有新天地。

人的智慧是走出人生低谷的最大能量。聪明的人是很快走出低谷的人。

人生有朝霞，人生有夕阳，人生有春天，人生也有秋季。青少年的人生更多姿多彩。朝霞和春天固然美丽，是人生旅途的高潮，但是，并不等于说夕阳和秋天是低谷，因为有时光的反差人生才会更加灿烂。

走出人生低谷，不过就是改变一下对青春道路上的看法而已。

3. 有些弯路一定要走

在青少年成长的过程当中，父母，老师，亲戚朋友或者其他长辈总是时刻提醒着你，这条路行不通，那条路不能走。但张爱玲说，"有一条路是每个人非走不可的，那是年轻时候的弯路。"这弯路就是我们成长道路上所经历的困难和挫折，尽管"碰壁"、"摔跟头，碰得头破血流"，也无所谓。因为你们年轻，因为你们有激情，因为初生牛犊不怕虎，我们不怕困难，不怕挫折，更不怕前面的路有多艰辛，勇往直前，永不退缩。

◎非走不可的弯路

同学们，首先让我们来欣赏一下张爱玲的小说：《非走不可的弯路》：

"在青春的路口，曾经有那么一条小路若隐若现，召唤着我。

母亲拦住我：'那条路走不得。'

我不信。'我就是从那条路走过来的，你还有什么不信？'

'既然你能从那条路上走过来，我为什么不能？'

'我不想让你走弯路。'

'但是我喜欢，而且我不怕。'

母亲心疼地看我好久，然后叹口气：'好吧，你这个倔强的孩子，那条路很难走，一路小心。'

上路后，我发现母亲没有骗我，那的确是条弯路，使我不断的碰壁，不断的摔跟头，有时碰得头破血流，但我坚持着不停地走，终于走过来了。

坐下来喘息的时候，我看见一位朋友，自然也很年轻，正站在我当年的路口，我忍不住喊：'那条路走不得。'自然她也是像我一样固执。

'我母亲就是从那条路上走过来的，我也是。'

'既然你们都从那条路上走过来，我为什么不能？'

'我不想让你走同样的弯路。''但是我喜欢。'我看了看她，看了看自己，然后禁不住笑了：'一路小心。'

我很感激她，她让我发现自己不再年轻，已经开始扮演'过来人'的角色，同时患有'过来人'常患的'拦路癖'。

在人生的路上，有一条路每个人非走不可，那就是年轻时候的弯路。不摔跟头，不碰壁，不碰个头破血流，怎能炼出钢筋铁骨，怎能长大呢？"

同学们读过之后有什么感受？估计每个人的感受都不一样，但可

以确定的是人生的路口，有一条弯路是一定要走的，这就像彩虹的美丽必须要经历风雨的洗礼，梅花的清香必须承受寒风的抚慰，大海的波涛必须经历弯弯曲曲的小溪一样。有些事情，因为我们没有经历过，所以我们永远不会懂得其中的道理，我们只有尝试过才知道其中的滋味。因为没有经历过，所以我们总会相信前面的路会美妙绝伦，会充满惊喜与期待，我们用美好的思想去憧憬，对旁人的劝告漠然置之。所以我们要去尝试，我们才能从中领略出生命的璀璨，生活无边的风景。青春不因劝告而停止前行，生命因大胆尝试而倍添精彩，让青春走走弯路吧，我们不要成为温室里的花朵，或许这路上没有鲜花与掌声，只有辛酸与泪水，但我们仍愿执著地前行，因为经历过也是一种幸福。

我们走在人生的道路上，到处都是荆棘密布，布满了艰辛的脚印，布满了辛勤的汗水，而且坎坷会在不经意间出现。人生有许多事只有经历了才明白，受伤了才学会如何保护自己，错过了才学会如何坚持与放弃，而我们会在失去和得到的过程当中，慢慢地明白。作为一名青少年，我们还小，在学习和生活当中不要想着走捷径，踏踏实实走好前面或许更复杂，更弯曲的路，不要怕，经历过以后，会慢慢长大，慢慢成熟，在这个经历当中，有我们永远也抹不去的记忆，它使我们的人生因经历过而更加辉煌。

◎人生中走一些弯路是必要的

常听人说"路直有人走，人直有人和"。这话听起来，似乎天衣无缝。

根据一位从事高速公路设计的朋友的说法：路不一定是越直越好。他说，在设计高速公路时，逢山要打隧道，遇水要架桥梁，因为谁都知道，两点之间，直线距离最短。但并不是将整个路程都修得笔直，

这条路就是最好的。有时候，如果某段路太直了也不行，还得人为地使路弯曲。路太直了，随着路程的增长，其潜在的危险也会增加。那段人为设计的弯路，也就是我们所说的必要的弯路，很多人都很不理解，难道说高速公路不是越直越好吗？不就为了达到风驰电掣、畅通无阻的目的吗？为什么要有弯路？修弯路真的有必要吗？

在大部分人的印象中，弯路并不被人所喜欢，大部分人都是尽量少走弯路，如果前面有弯路，总会竖立提示牌"前方有弯路，请小心驾驶"，有时候，为了安全起见，在弯道上横亘路障，强制性地限制速度，以减少事故发生。设计师认为，如果有太多的弯路，肯定不适宜高速，而如果高速公路直得像一条有头无尾的射线更是不可取的，若车速过快，那么交通事故就会频频发生，这就叫做"欲速则不达"。所以，要在高速公路上人为地设计出一些弯路，要让开车的司机知道，高速路不等于笔直路，也有弯道，得小心驾驶，不要为了一味的追求速度而忘了安全。高速路上设有弯路可以有效地降低行车风险，这些必要的弯路，虽然增加了里程，但同时也确保了高速公路的畅通，从大的方面来说路途反而"短"了。从理论上来说："两点之间，直线距离最短"，是成立的，但如果用在实际的高速路上，反而觉得不太合适。

不是有弯多浪急的说法吗？弯弯曲曲的河流，虽然有了阻碍，但水却流得更快、更欢、更凶、更猛。水在弯弯曲曲的河床上面，不可能一落千丈，它们在前进的路程当中，就得东奔西突，寻找别的出路，因而少了点漠不关心，多了点欢畅淋漓，对于水来说，河床就是它的路，水是如此，风亦如此。

不仅水与风如此，人生又何尝不如此？一帆风顺固然令人羡慕，但如果走了点弯路，也不必整日唉声叹气，因为那是必要的弯路，经

过了一段甚至几段弯路，你便不得不抬起头观察方向，从而更容易找到通向目标的捷径。

人生中不能不走弯路。我们还小，长辈们希望自己经历过的事情，我们能少经历，希望我们能够生活顺利，学习开心。其实他们不知道，我们只能从言语中，从字面上明白弯路两字的意思，但却不能真正从内心里去理解，更不能在遭遇弯路时保持清醒。

人生的弯路是一次真正触及灵魂的震动，没有经历就不能说自己明白，人生的弯路其实是有必要经历的，每一次的经历都是一笔财富，可以被它打倒，但如果走过，也就没有什么大不了。的确，谁都会想要平平静静的过完一生，但人的一生中谁又不会经历大大小小的波折？

同学们，现在我们还年轻，走一段弯路不算什么，只有走过人生中的弯路，才会明白自己，才会对他人有更多的包容和理解。

4. 挫折其实不可怕

"没有播种，何来收获；没有辛劳，何来成功；没有磨难，何来荣耀；没有挫折，何来辉煌。"佩恩如是说。每个人都有自己的梦想，有些人甚至一辈子都在为实现梦想而奔跑，青少年的梦想更是丰富多彩，千奇百怪。可是，这条奔跑的路并不平坦，一不小心就会让人摔上一跤，而这就是挫折。

如今的青少年们大多在优越的生活环境中成长，就像参天大树下的一株小草，从来没有经历过风吹雨打，所以应对挫折的抵抗力也十分微弱，学习或生活中的一点点困难就足以将他们打倒。再加上青少年身心的发展都不成熟，不稳定，一旦被打倒就很容易出现情绪上的波动，极度地悲观失望、自暴自弃，有些人甚至为此付出了宝贵的生命。作为 21 世纪的青少年，面对挫折，惟有张开双臂，勇敢面对，越挫越勇，才能使自己永远立于不败之地。

◎挑战人生挫折，让自己更强大

1982 年，仅有 27 岁的陈秋贵为了实现自己的人生理想，也为了闯出一番事业，他只身从台湾来到了美国。面对人生地不熟的环境，陈秋贵遇到的第一个难题就是语言不通，由于无法同当地人交流，找工作也变得十分艰难。为了维持生计，他不得不到一家华人搬运公司干一些体力活，工作之余开始努力地学习英语。

一段时间之后，他想到自己有过做铁工的经验，便想重操旧业。于是他和一个朋友商量，结果两人一拍即合，都辞职做起了焊接铁门窗的生意。在他们两人的不断努力下，终于接到了第一笔生意。正在两人高兴之余，另一个问题又出现了：那就是没钱买运送铁门窗的货车。无奈之下，他们只好将铁门窗搬到地铁上，坐地铁去工作。每次，两人都汗流浃背地抬着重重的铁门窗，走进摇晃拥挤的地铁里，更要受到从四周投来的鄙视目光。

之后，陈秋贵又遇到了许多常人难以想象的困难和挫折，但他从来没有放弃过，并努力地一点点改变现状。经过步履维艰的历程，他们的生意也越做越大了，可面对的困难和挑战也越来越多。当时，纽约哈林区治安状况很不好，他的工具常被别人偷，让他蒙受了很大的损失，但不管状况有多么糟糕，他都没有心灰意冷过，他说："只有敢于挑战艰难挫折，人才会变得更强大。"再后来，他有了自己的公司，而且以出乎人们想象的速度飞快地发展壮大，从此"陈秋贵"这个名字也在纽约人尽皆知。

陈秋贵的创业之路告诉人们：挫折是一个人走向成功不能缺少的经历，不要用"不可能"来否定自己，更不要害怕挫折，敢于挑战艰

难困苦，才能真正地改变自己的命运。青少年应该把陈秋贵身上这种永远不向挫折低头的精神运用到自己身上，相信明天依然美好。

当代的青少年是祖国的花朵，肩上背负着重要的使命，更要具有一种和挫折斗争到底的精神。不要因为一次考试的失利，而耿耿于怀；不要因为自己的出身贫寒，而感到自卑；不要因为遇到阻碍和干扰得不到满足，而表现出消极心态；不要在苦涩的泪水中蹉跎、惆怅、忧伤。即便前面是暴风骤雨、电闪雷鸣，只要我们有满腔热血、斗志高昂，就一定能迎来东方冉冉升起的太阳。

◎挫折，也是一种幸运

古时候，一个书生几次参加科举考试都未能取得功名，心灰意冷之际他愤然丢下书本，弃文从商，收拾起行囊背井离乡，决定干出一番事业。可是，闯荡了数个春秋却总是难能得志，他开始有些不相信自己的能力，埋怨老天为什么不降临好运给自己，最终决定回到家乡。

可是，祸不单行，就在他翻越一座大山时又遇到了山匪，为了保护那多年攒下来的微薄积蓄，他就不顾一切地拼命往前跑，山匪也追赶着他跑进了一个山洞。在走投无路的情况下，他眼睁睁地看着山匪抢走了他所有的财物以及照明的一个火把，扬长而去。书生在黑暗中磕磕碰碰、举步维艰，分不清东南西北，不过也正是因为他置身于黑暗中，他的眼睛才能敏锐地感觉到洞口那微弱的亮光，于是他幸运地顺着亮光走出了山洞。而那些山匪就没有那么好运了，他们举着从书生手中夺来的火把，感觉不到洞口的亮光，在洞内转了几圈还是没有走出去，便争吵着不该跑进这个鬼地方，最终因灰心力竭而死于洞中。

在书生快要走出山洞时，他发现那些山匪，原来在火把燃尽时，那些山匪已经离洞口不远了，只要再坚持走一会儿就可以走出去，但是他们放弃了。书生试图在这些山匪身上找回自己的钱财，他惊喜地

发现，自己的钱财已与山匪在别处所抢的钱财混在了一起，全部加起来是自己原来钱财的几十倍，甚至是几百倍之多。

书生虽遭遇了一次挫折，但这次挫折却也带给了他意外的惊喜，所以说，有时候挫折也是一种幸运。纵观历史，失败与成功之间，往往有一个艰难曲折的过程，有人曾经把这个过程比作是桥梁。有些人历尽千辛万苦穿过了桥，而有的人却在桥的中间掉了下去。

现代的青少年们，遇到挫折时不要惊慌失措。因为这时你根本就不能确定这是福还是祸，即使不是每个人都像故事中的书生那么幸运，但也要坚信，挫折在给你带来"祸"的同时，也必定给你带来了一些其他的东西，关键是你能否发现。俾斯麦说过："对于不屈不挠的人来说，没有失败这回事。"在坚强者面前，挫折化为动力，使他们走向了成功。因此，青少年应该学会从挫折中总结经验教训。

挫折对于青少年来说，不仅是一种磨难，更是一种学习和锻炼的好机会，就像那扑鼻的花香一样，只有经历过严寒才能向世人展示它的芬芳。人又何尝不是如此呢？只要能够保持乐观的心态来看待挫折，希望就永远存在，一切都可以重新来过。

5. 挫折不是教训，而是经验

巴尔扎克说过："苦难是人生的老师。"徐特立也说：有困难与挫折未必是件坏事。有人把挫折看成是人生的教训，恨不得自己永远不再遇到它。其实，挫折不是教训，而人生的必要经历、经验，是一笔宝贵的财富。

德国诗人歌德说："挫折是人类通向真理的桥梁。"我们成长的过程曲折坎坷，总是伴随着辛酸与烦恼。挫折固然会使人受到打击，给人带来损失和痛苦，但挫折也可能给人带来激励，让人警觉、奋起、成熟，把人锻炼得更加坚强。所以，在挫折面前，青少年应学会总结经验，把挫折当作是新的起点，不要因为惧怕再一次的受伤而放弃了近在咫尺的成功，敢于面对挫折的人是最坚强的。

经历挫折，积累经验。

贝多芬一生历经无数挫折磨难，但是，每一次痛苦和哀伤在经过他的搏击和战斗后，都化为欢乐的音符，谱写成壮丽的乐章。

屋漏偏逢连夜雨，正处于青春年华的贝多芬，他失意孤独；正当他步入创造力鼎盛的中年时，他又患耳疾，双耳失聪。但他最终并没有向命运低头，而是"我要扼住命运的咽喉，它决不能把我完全摧倒。"所以，即便是在困难重重、最痛苦的时候，他凭着自己的坚强斗志完成了清明恬静但又激昂奋斗的《第二交响曲》。

在贝多芬的日记里，永远记着一句话，那就是："谁想收获欢乐，那就得播种眼泪。"的确，贝多芬的一生，本身就是一部同世界、同命运、同自己的灵魂进行不懈斗争的雄浑宏伟的交响曲。贝多芬在用他自己的经历向我们叙述着这么一个道理：这个世界，确实存在太多问题，也许有太多不如意，但是生活还是要继续。无论面临什么样的挫折，都可以看作是上帝给予的恩赐，目的是要锻炼自己。惟有抱着积极的态度，才能战胜挫折。

凭借智力去了解人生，固然重要，亲身去体验，更加重要。盐巴的咸味，必须亲尝过才能知道。人生中的苦涩只有自己亲自尝过，才能更好地把握以后的路。作为青少年，在挫折、困难面前，应以一种积极的心态，理智、客观地分析挫折产生的原因，并采取恰当的方法来克服挫折。

经历过挫折，生命也就会平添了一份色彩，多一份磨练，就多一

段乐章。多一份精神食粮和财富。历经挫折的人，更知道怎样去珍惜生活，更明白生活蕴含的哲理。生活因挫折而丰富，人生的体验也因挫折而深刻，生命也因此而更趋完美。

挫折——人生的机会和磨练。

日本的松下幸之助说："种子不落在肥土而落在瓦砾中，有生命力的种子决不会悲观和叹气，因为有了阻力才能磨练。"人生在世谁都会遇到挫折，而适度的挫折具有一定的积极意义，它可以帮助人们驱走惰性，激发人的潜能，促使人奋进。

挫折不是教训，而是经验，是人生的一笔宝贵的财富。多少次艰辛的求索，多少次噙泪的跌倒与爬起，都如同沙滩上行走，一排排歪歪曲曲的脚印，记录着我们成长的足迹，我们经受了挫折，经历了人生的磨练，我们的双腿将会变得更加有力，人生的足迹从而更加坚实。

挫折是一个人走向成功不能缺少的经历，不要用"不可能"来否定自己，更不要害怕挫折，挫折是人生的机会和磨练，只有敢于挑战它，你才能真正地改变自己的命运。青少年应该把陈秋贵身上的这种乐观面对挫折、积累人生经验的精神运用到自己身上，要相信挫折只是暂时的，只要有勇气去面对和战胜它，明天依然一样美好。

挫折对于一个人来说，是一把打向坯料的锤，打掉的应是脆弱的铁屑，铸成的将是锋利的铡刀。对于青少年来说，挫折不仅是一种磨难，更是一种学习和锻炼的好机会，就像那扑鼻的花香一样，只有经历过严寒才能向世人展示它的芬芳。人又何尝不是如此呢？只要能够保持乐

"自古雄才多磨难"，面对挫折，青少年应当拿出勇气和耐心，主动出击，迎接挑战，直面挫折，笑对挫折，并从中吸取经验，拥抱胜利。因为挫折是一种教训，挫折更是一种经验，注定在我们的岁月中

搏击风浪、经历考验奠定更加坚固的基础，谱写美好的人生赞歌。

郭沫若说："一个人总是有些拂逆的遭遇才好，不然是会不知不觉地消沉下去的，人只怕自己倒，别人骂不倒。"先贤说得好，"宝剑锋从磨砺出，梅花香自苦寒来"。人的能力不经过多方面，特别是各种失败和不顺利的磨砺，又怎能完成自我的塑造，尝到成功的滋味呢？这就如同没有磨擦力，我们就没法坐得稳、站得住、走的动！要成为栋梁之材，显然不会是一帆风顺的。然而，往往就是这种种的不顺利，这些前进中遭遇的逆境，激发了我们永不言败的志气和一往直前的勇气。春笋要破土才能新生，人，必须只有历经磨砺，积累各种经验才能成才。

6. 失败是成长的机会

不要惧怕失败，真正的成功，经常是由一连串的失败而来。如果害怕失败，而不愿意去实验、去尝试，就不会成长。失败并不可怕，尽管它会给人带来懊丧、烦恼甚至痛苦；但是，它也像一块砺石，会磨砺人的意志，锻炼人的品格，鼓舞人的勇气，激发人的智慧，最终使人成就伟业。

对待失败的心态，是考验一个人的品格和意志的试金石。有位哲人说："任何成功的链条，都是由一个又一个失败的环节焊接而成的"。成功是一种结果，失败也是一种结果。两种结果都有正的一面，负的一面。青少年要正确的看待失败，要允许自己失败。不要把失败看得那么灰暗，从另一方面来说，多数经验不正是从失败中来的吗？

◎没有失败，就没有成功

"不经历风雨，怎么见彩虹，没有人能随随便便成功"。成功的代价是经历无数的失败，失败过后，只要我们永不放弃，最终会见到美丽的彩虹。纵观中华上下五千年历史，失败的例子不胜枚举。几乎每一个人做每一件事，都可能失败，如果害怕失败，那么只能什么也不干。只有不怕失败，才能取得事业的成功。大凡是有所成就的人，都经历过失败的洗礼。大家都知道的伟大的科学家居里夫妇，他们在提取新元素的实验中，虽然一次又一次地失败，可他们却毫不气馁，信心十足，不断总结，坚持试验。他们终于成功了，发现了镭。

人的一生，难免会遇到失败，没有经历过失败的人生不是完整的人生。没有河床的冲击，便没有钻石的璀璨；没有失败的考验，便没有不屈的人格。正因为有失败，才有勇士与懦夫之分。巴尔扎克说："挫折和不幸，是天才的进身之阶；信徒的洗礼之水；能人的无价之宝；弱者的无底深渊。"失败可以让一个人一蹶不振。正如易南所说的："错"的一半是"金"，"败"的一半是"贝"。错误或失败并不可怕，可怕的是不懂得"错里淘金"、"败中拾贝"。

一定意义上说，没有失败也就没有成功，遭遇一次挫败就灰心丧气，怨天尤人，不敢直面人生的人，从而也就无法了解失败这块"石头"的真正涵义——对于意志薄弱者，失败是一块难以逾越的绊脚石；对于勇于进取者，则成了一块成就事业的垫脚石。

任何一个人在紧要关头，都要养成一种临危不惧，不怕失败，顽强拼搏的精神。任何一个人都应该能在最艰难的时候，不灰心丧气，并能不断地在失败中认真总结教训，迎难而上，化耻辱为动力，从而增加成功的机会。作为一个新世纪的青少年更应该懂得这个道理。

◎ **从失败中吸取教训，努力拼搏**

俾斯麦说："对于不屈不挠的人来说，没有失败这回事。"失败在意志薄弱者面前，犹如一道万丈深渊，会使他们一蹶不振；然而在强

者面前，则会化为一股动力，使他们走向成功。如今的青少年们大多在优越的环境中成长，所以对于抵抗挫折的能力普遍降低，经不起稍微的挫折和困难。由于其性格及心理发展尚不完善、不稳定，青少年的情绪很容易波动。一旦遇到什么挫折和不幸，极易悲观失望、自暴自弃，有的甚至丢掉了自己年轻的生命。

在人生的旅途中，每个人都会有失败受击的那一刻，明智的人，正是在这一次次的挫败和一个个逆境中，逐渐变得坚强起来，成熟起来，从中获取了一次次胜利和成功。法国的伏尔泰说："人生布满了荆棘，惟一的办法就是从那些荆棘上迅速跨过。"其实失败也并不是什么大不了的事，只要你能从失败中得到教训，然后再去拼搏——再经历失败——再去拼搏——直到获得成功，这也是一条成功人士的必经之路。

失败与成功之间往往有一个艰难曲折的过程，有人把它比作桥梁。古今中外有不少人就是通过这座桥梁才走向成功的。纵观历史，那些出类拔萃的成功人士，之所以能够取得成功，都是由于他们能正确地对待失败，并从失败中总结出经验教训，从而踢开"失败"这块人生路上的绊脚石，踏上成功的大道。

考试失败了，静下来，好好思索缘由是何？也许因为这次没有准备完善，也许功夫下的还不够。只要肯努力，只要不灰心，总有一天，你会排在名次的最前端。所以，不要轻言失败，只要有一颗年轻自信的心，要相信明天的日子一定阳光灿烂！

海明威说过："人可以被毁灭，但绝不能被打倒。"承受挫折是青少年生活中必经之路，当代的青少年，不要仅仅因为一点点的挫败避而不前，要拿出勇气和耐心。主动出击，迎接挑战，直面挫折，笑对挫折，把挫折当作前进中的踏脚石，然后拥抱胜利。因为挫折是福，

注定为我们的岁月中搏击风浪、经历考验，奠定更加坚固的基础，谱写出美好的人生之歌。

7. 身处逆境，选择是关键

每一位青少年都希望自己的青春之路是完美而精彩的，但一个完整的青春之路就意味着成功和逆境并存。尤其是逆境，你也无法预料它们什么时候会出现。人类社会就是在与种种逆境的斗争中诞生和发展起来的，似乎是因为上帝创造人类的目的之一就是让他们承受诸多的苦难，所以人生注定有无数的艰辛相伴。

当你面对逆境的时候，你的选择是最关键的。

◎逆境中，你会选择？

一个女孩对在父亲的面前抱怨自己的生活，抱怨事事都那么艰难。她不知该如何应付生活，想要自暴自弃了。她对抗争和奋斗已经厌倦了，好像一个问题刚解决，又出现了一个新的问题。这个女孩的父亲是一位厨师，他把她带进厨房。他先往三只锅里倒入一些水，然后把它们放在旺火上烧。不久，锅里的水烧开了。他把胡萝卜放进一个锅里，第二只锅里放只鸡蛋，最后一只锅里放入碾成粉末状的咖啡豆。他将它们侵入开水中煮，中间没有停下来说一句话。

女儿看着父亲的举动，不耐烦地等待着，纳闷父亲在做什么。大约20分钟后，他把火闭了，把鸡蛋捞出来放入另一个碗内，把胡萝卜捞出来放入一个碗内，然后又把咖啡舀到一个杯子里。把这些事情做完后，他才转过身问女儿："孩子，你看见什么了？"这个女孩回答道："胡萝卜、鸡蛋、咖啡"。

父亲让她走近一些摸摸那些胡萝卜，她摸了摸，注意到他们变软了。父亲又让女儿拿一只鸡蛋并打破它。把蛋壳剥掉，他看到了是只煮熟的鸡蛋。最后，女孩又去喝了咖啡，品尝到香浓的咖啡，女儿笑了。她怯生问到："父亲，这三样东西中意味着什么呢？"

父亲解释说这三样东西面临同样的逆境——煮沸的开水，但其反应各不相同。胡萝卜入锅之前是强壮的，结实的，毫不示弱；但一旦见了开水，它变软了，变弱了。原来鸡蛋是很容易碎的，它薄薄的外壳保护着它呈液体的内脏。但是经开水一煮，它的内脏变硬了。而粉状咖啡豆则很独特，进入沸水之后，这些咖啡粉却把水改变了。"哪个是你呢？"他问女儿。"当逆境找上门来时，你该如何反应？你是做、胡萝卜、还是咖啡豆呢？"

人生不如意事十有八九，前进的路没有一帆风顺的，而一个人在逆境时的表现往往决定了个体的人生走向。那么，面对逆境，你会如何选择？

放弃、忍耐

走在青春的路上不可能一帆风顺的，面对逆境，有些青少年意志不坚定，选择放弃追求；有些人则是继续忍耐，无论环境多么恶劣，都不要把自己的梦想放弃。如果面临抉择的人是你，你会选择什么呢？

欺骗、挑战

生活中不如意的事十有八九都会发生，面对逆境，有的青少年不肯面对现实，只是用无谓的欺骗来麻醉自己，日渐堕落；有的青少年则能正视这些，挑战自己的潜力。

停滞、攀登

生活中不可能总是平坦大道，对大多数的青少年而言，逆境就像是人生道路上的一座大山，迟早会现身的。很多人鼓起勇气征服它，但是到了半山腰却犹豫了：是停下来驻足等候呢，还是继续攀登？如果是你面临这样的抉择，你会怎么选择？

终止、期望的

生命中的不幸并没有人们想象的那么可怕，可怕的是丧失主宰命运的意志，当面对人生的低潮，懦夫选择了抛弃一切希望，把亲人和朋友的期待也放弃了，让自己生命的乐章过早地画上了休止符；而真正的强者哪怕只是孤军奋斗，也要坚持到最后一秒，因为他的心底仍然孕育着最后一丝期望——明天将会更美好。

同样都是逆境，不同的选择会给人带来不同的境遇。身处逆境的你，愿意选择哪一种呢？

相信很多青少年都会选择后面一种态度，那么，就请你振作起来，调整好心态，不要再用烦恼来折磨自己；只会对着自己的身影叹息的人，总是把自己背后的光明给忘记了；庸人自扰的后果只是给你的对手增加嘲笑你的资本。人生漫漫，何必带着沉重的辛酸上路？心中本应坦坦荡荡，何必在心底撒下忧伤和苦涩的种子？在最悲伤的时刻，不能把信念忘掉，即使在最沮丧的低点，也不能把心中的那份追求放弃。记住：瀑布之所以成为奇观，是因为它有绝处逢生的勇气；激流之所以壮美，是因为它有摧毁一切险阻的气概。无论逆境的高峰有多么险峻，都要有自己一定能把它征服的决心。

◎逆境背后写着成功

俗话说："金无足赤，人无完人。"有许多年少的少年面临着来自社会，家庭，学校等多个方面的压力，挫折，失败与不幸。面对这些，有些青少年因此陷于叹惜，迷茫之中。其实，身处逆境，大可不必为之灰心丧气，要知道，逆境可以造就出更多的人才，只要自己肯努力，逆境中存生，成功一定是属于你的。

其实，挫折与不幸对每一个青少年来说都是一种财富，克服困难

的过程就是自己使自己提高的过程。经受过挫折的少年比在优越条件中的人更具处变不惊的老练，成功的路上，只说可能性，也会比其他的人高出很多。

在春秋时期，越王勾践战败被吴国俘虏。在吴国，他受尽凌辱。被放回越国后，他为了报仇卧薪尝胆，立志图强，而吴王夫差。却整天沉迷于酒色之中，终于越王兴兵打败了吴王，这是一个处于逆境而最终取胜的典型例子。对待困难，只有具有非凡的勇气和意志，不能轻易言败的精神，想要获得成功就很容易了。

如果身处于逆境，青少年不要怨天尤人，不要向命运认输，树立起必胜的信念，经过自己的努力，成功的大门一定会为你敞开，相信自己是一个成功者！

对待前进道路中的逆境，有的青少年努力奋争，百折不挠；有的青少年浅尝辄止，一番争取之后，偃旗息鼓；有的青少年一陷入困境，就心怀恐惧，绕着问题走不出来，不同的态度导致了不同的结局，或是缩手缩脚碌碌无为，或是到达理想的彼岸。

青春就如同浩瀚的大海一样，希望就是最好的舵手，面对逆境的暴风雨，不要被风浪吓倒，不要让航向偏折；没有浪花的冲击，大海也不会有活力，没有执著的拼搏，就少了挑战的乐趣；没有了挫折，人，就是一个没有长大的孩子。

即使被成功拒绝了一千次，也要有一千零一次的挑战，总有一天，逆境会在你手中屈服。相信自己的选择，没错的！

第二节 积极思考 转败为胜

1. 思考是智慧的起点

人之所以能够成为万物之主，最关键的因素就在于人善于思考，有自己独特的智慧。现代原子物理学的奠基者卢瑟福对青少年善于思考这一行为极为重视。在一个月圆的深夜，他偶然发现一位同学还在埋头做实验，存有好奇心的他便问这位同学："上午你在干什么?"学生回答："在做实验。""下午呢?""做实验。"

卢瑟福对这位同学的回答十分不满，不禁皱起了眉头，继续追问："那晚上呢?""也在做实验。"这名同学本以为会被老师夸奖一番，但令他没有想到的是，卢瑟福大为恼火，厉声斥责："你一天到晚都在做实验，什么时间用于思考呢?"

如此勤奋的学生却遭到卢瑟福的斥责，表面看似委屈，实际上大师是在传授真经啊。很多时候，人们宁可让岁月淹没在看似很有价值的忙碌中，却不愿意去拿出时间进行思考，以至于思维总是在低水平的层次上徘徊，最终的结果便是一无所获。如果说，智慧是创造的根基，那么思考便是智慧的起点。

◎智慧来源于会思考

学会思考、勤于思考，是21世纪一种生存智慧的必备条件。当今的社会，一个人如果懒于思考、不思进取，他必将成为一个社会的落伍者。学会思考就是要求新时代的青少年学会善于发现生活中存在的各种问题，然后去想办法解决这些问题的方法和方程式，只有善于思考问题的人才知道如何解决问题。爱因斯坦曾说过："发现并能使问题得到解决，比只说空话没行动的人有价值得多。"只有会思考，然后发现了问题，继而激发人们去解决这个问题的动力，最后就有可能妥善地解决问题。

智慧来源于思考。不会思考的人，不会学习。思考会让人明白为什么要去做一件事情，做这件事情有什么好处，他们所探求的是一件事情根本的原因，而不是那些浮在表面的东西。如果一个人抓住了这些最为根本的东西，就好像抓住了深水中的鱼，而如果抓住表面的东西，你抓住的不过是鱼吐出的水泡。

西方有一位哲人曾经说过，人类如果长时间偏离了思考的弦，那么他的思想便会慢慢生锈。这个世界上，除了植物人和傻子外，很少有人不会思考，尽管思考的人是如此的多，但我们总是感觉，身边还是不乏缺少智慧的人。

难道思考的结晶不是智慧吗？思考是个人的行为，而思想则是公众的趋向，当个人的思考幻化为思想，成为了人所公认的指引时，它便凝结成了智慧。但智慧却又是何其平常，在我们起床的时候，穿衣的时候，刷牙的时候，吃饭的时候……智慧就在我们身边悄悄的流淌，关键是要会思考。

人类是高智慧生物，之所以是高智慧生物，就是因为人有思想，人会思考。作为新世纪的一代，想要成为真正的强者和智慧就要学会思考，善于思考。让自己的大脑时刻都保持着一份活力，用心去和自己的同学、朋友交流，用心去学习，用心来读几本书，用心来总结规律，用心来反思自己的言行和方式，以便更好的超越自己，用心来细

细地品味生活中的每一天……

◎ 换位思考出智慧

一位中学生向老师请教："我想做一名智者，我怎样才能使自己愉快，也能带给别人快乐的人呢?"

老师的第一句的回答是："把自己当别人。"

"当我欣喜若狂之时，把自己当成别人，那种狂喜的感觉也许就会变得平和一些?"

老师的第二句是："把别人当成自己。"

这样做，你就可以真正同情别人的不幸，理解别人的需要，而且在别人需要帮助的时候给予恰当的帮助。

老师的第三句话回答是："把别人当别人。"

上述的一番对话体现了中学生在成长的历程中对自己认识的一个过程，是一个从自我本位向他人本位转移的过程，而实现这一过程最需要的条件就是换位思考。所谓换位思考，就是设身处地得站在对方的立场和角度来考虑问题。在生活中，需要我们换位思考的问题比比皆是，如家长与子女、老师与学生、批评者与被批评人等等。如果能够换位思考，那么在看待问题、处理事情、解决矛盾时，就会多一些智慧、多一些方法。

俗话说瞎子点灯——白费蜡，但如果换位思考，有时就是一种智慧。有一位盲人夜晚在马路上行走，他手里提着一盏闪着灯光的灯笼，行人迷惑不解，忍不住上前问这位盲人："大哥，你眼睛不好使，却还打着这个灯笼有用吗?""有用有用，怎么会没用呢。"盲人认真地回答。这时，周围聚来些好奇的人都觉得盲人会很尴尬。没想到，这位盲人的回答令周围的人振聋发聩："正是因为我看不见你们，所以我才需要这盏灯笼给你们这些明眼人以提示啊，免得你们在黑暗中看

不见我，把我这个盲人给撞倒了。"周围的行人，听到他的一番回答，都豁然开朗，都被这位盲人的聪明所折服。而这位盲人手中灯笼所映射出的智慧，正是得益于换位思考。通过这个事例我们不难看出，一位残疾人都能做到，更何况是 21 世纪的主人翁呢？如果被青春只撞了一个腰，就畏畏缩缩，那么你永远是失败者。人生之路也将会充满荆棘坎坷，或许你会说，这是命，但是为什么你不说，命也是掌握在自己的手中呢？

换位思考时要以己之心，度人之心，进而才可能做到"己所不欲，勿施于人"；换位思考，有时要由此及彼，进而才可能追求"知己知彼，百战百胜"的效果；换位思考，有时要身临其境地考虑一下别人的想法，所以才会明白其"萝卜白菜各有所爱"；换位思考，有时要从不同角度看问题，进而才可能了解"横看成岭侧成峰，远近高低各不同"的哲理。

有的时候，青少年需要把自己当成自己去激发生命的火花，有的时候则要把自己当作别人从另一个角度去思考生命。但不论从哪个角度思考，青少年都会面向遥远的地平线去测度生命的行程，并且不忘站在对方的位置想，不忘自己的理想。

2．带着自信上路

威尔逊曾说："信心是又弱又细的线，很容易拉断；但在灰心的时候，它也能将你抛向空中，使你重获生机。"的确，人生的路途中，有一盏明灯，指引每个人通往梦想的舞台；青少年在成长的天空中，有一道最绚丽的彩虹，七色光芒照亮每个人的心灵；成长的沃野中有一株最挺拔的小草，它以自己的坚韧把希望带给每一个人。这就是自信。

◎青春路上拥有自信，风雨无阻

其实，成长的过程就像是一次旅行一样，不管是平坦大道，还是崎岖山路；不管是风光秀丽，还是景色荒凉；不管是舒畅淋漓，还是沮丧失意……这一切，都取决于自己的人生策划。

或许你也曾志在远方，你也想经历风雨的历练，但黑暗使你畏惧，惊雷使你瑟缩，把困难之石顶在头上，失败如影随行。或许在你刚跨出门的那一刹那，就会被脚边的小石头垫着了脚，于是，退守空屋，独自哀叹，一辈子只能隔着玻璃观望外面的世界；或许你挟日夜星辰于手中，集群山鸿堑于梦里，披荆斩棘，跋山涉水，豪气冲天，一路奔波，一路欢歌。

人生结果的不同，原因就在于选择不同。不同的方向，不同的信仰，不同的收获，这一切都维系于自信的力量。在决定上路的时候，让行囊中装满自信，你就已经迈出去了一大步。

带着自信上路，将困难之石踩在脚下，放眼四望，险峰如小丘，深涧似微隙。没有对大浪的畏惧，没有对大险的恐慌，扬鞭策马奔往坦途。带着自信上路，风雨无阻，你就会前途无量。

人生的道路难以一帆风顺，也固然布满荆棘、充满坎坷，只要带着自信上路，你就会看到曙光，看到希望。即使前方的风浪再大，也会执著追求，无怨无悔。让我们齐声呼喊："带着自信上路吧！"去寻找内心的激情和澎湃；"带着自信上路吧！"去寻觅辉煌的明天；"带着自信上路吧！"去采撷人生道路上一颗颗璀璨的珍珠。在这收获的季节，请微笑着向着晨曦，向着黄昏，向着星空，高声呐喊："带着自信上路吧！"

◎自信下的思考，你就是一道风景

有这样一个故事，故事的讲的是一个小姑娘与她的蝴蝶发夹。

　　小姑娘出生在一个小城镇里，从小就不喜欢与人说话，直到她15岁的一天，那天是圣诞节，妈妈给了她20美元让她去买一些自己喜欢的礼物，作为对她的奖赏。她从来都没有去过镇里，于是就拿着妈妈给的20美元上路了。

　　从家里出来以后，她一直沿着墙根走，感觉大街上所有的人都比她漂亮，忽然她看到一个心仪的男孩。这时，她就在心里想，要是今天晚上能和他共舞一曲，该多好啊！可是，她只是远远地看着。然后，又低着头往前走。

　　不知不觉间，她来到一家饰品店，刚走到门口，营业员就热情地欢迎她走进去了。她看上了一个蝴蝶发夹，上面标价16美元，她心里想：太贵了，我不要买。

　　可是这个营业员却热情的很，告诉她说：小姑娘，你的亚麻色卷发真漂亮，我帮你选一个浅绿色的发夹，你戴上肯定会更漂亮。说着，她就把一个浅蓝色的蝴蝶发夹别在了小姑娘的头发上。当她拿着镜子让小姑娘看时，这位小姑娘简直惊呆了，因为她从来都不去刻意去照镜子，她认为自己长得不漂亮，可这一看，镜中的自己简直就是另外一个人，特别是那个浅绿色的发夹在头发上面闪闪发光，一下子，她飘飘然起来了。

　　她从来都不知道自己可以很漂亮，就这样想着，她渐渐飘飘然起来了。她变的很开心很高兴，于是就付了钱，跑出去了。在店门口她兴奋地撞到了一位老绅士的身上，说声对不起之后，她又跳着向前跑了。她隐约听到那位老绅士在叫她，可她哪里还顾得上那些，就一直很兴奋地跑着跳着。

　　不一会儿，她跑到了城镇中央的那条大马路上。这时，她听到有人在望着她说：那是谁家的小姑娘，长得真漂亮，怎么以前都没有见

过呢? 她开心极了, 脸上散发出从来没有的笑容, 夕阳照在她红红的脸颊上, 就像位公主一样。

这时, 她看到了那位她心仪的男孩。这个男孩也看到了她, 微笑着向她走来, 轻轻的对她说: 你愿意成为我今天晚上的舞伴吗? 她简直太意外了, 太不可思议了。

于是, 她决定把剩下的 4 美元也换成礼物, 就又回到了那个饰品店。一进门, 她就看到那位老绅士在那里, 老绅士说: 小姑娘, 我就知道你会回来取发夹, 刚刚在出门时你太着急, 给撞掉了。

故事到这里就结束了, 与其说是一个发夹改变了这个小姑娘的一生, 不如说是她带着自信跑了一路。把发夹别在头发上的那一刹那, 当她端详到镜中自己的那一瞬间, 自信就在她心里慢慢的发芽了。随着她一路上的兴奋和旁人的赞美, 让她的自信从内心深处奔流出来, 直泄到脸上。自信的女孩是最美丽的, 所以她容光焕发, 气质满怀。

自信下的思考, 就如事例中的小姑娘一样, 如果没有自信, 她不可能从 "丑小鸭" 变成 "美天鹅", 更不会得到心仪人的青睐。所以, 青少年们带着自信上路吧! 自信的目光是明亮的, 自信的微笑是美丽的, 自信的神态是从容的。舍弃自信的人, 眼睛总是盯着脚尖, 双手总是偷偷地藏在口袋里。他一生只能呆在一个狭小的角落里, 不敢吱声, 不敢作为。拥有自信的人, 总是神态自如地轻步如飞, 可以伸手去拥抱全世界, 所以, 他的脚步就踏遍五湖四海, 扬名天下。

亲爱的青少年朋友, 带着自信上路吧! 不要惧怕那道头疼的化学题, 不要惧怕那门绕口的英语, 不要惧怕那友善的双手, 不要惧怕那渴望的眼睛。只要你能在困境中积极思考, 并带着自信上路, 敞开心扉交流, 张开双手拥抱, 起航梦想之舟!

3. 读懂人生中的遗憾

　　人生的过程，总是疲惫地应付着，从出生到死亡，总是经历着时而辉煌，时而暗淡；时而强健，时而弱小；时而尊贵，时而卑微；时而富有，时而贫寒；时而快乐，时而忧伤，这样错综复杂、轮回交替的历程，似乎没有一个人能够避免和逃脱。也许这就是人生吧！来不及许愿的流星，再怎么美丽也是曾经，所以，不必感叹，不必诧异，收起黯然的心慢慢思考……

　　那么，正处于青春期的少年应如何读懂这繁杂无锁的人生遗憾呢？本节就将为你做出全面的解析。

◎如何读懂人生的遗憾

　　这个世界里，美好的事物往往是从想象中产生的，这种想象可能会让我们缔造美好的未来，也可以让我们勾画出更加美好的人生蓝图。然而，现实并不是幻想中的那样。每一个年轻人都喜欢自己的生命中充满快乐，充满幸福，但有时候，人生中也会有遗憾的。而这种遗憾又可以给自己留下一种永恒的力量，使你在这个世界上懂得了坚强。

　　当读懂得了遗憾，就懂得了学会重新开始。懂得了努力，懂得了奋斗，当然还会让自己变的更加坚强。当学会了用衣袖轻轻擦拭夺眶而出的泪水；学会了独自一人躲在一个没有人的角落里偷偷地哭泣；学会了在他人面前做出一个完美的自己，学会了坚强的去面对人生。然而，一切都只是发生在有遗憾过后所发生的时间里在这漫长的人生中，所错过的一切如同错过的时光一样，再也无法找回，再也无法重新来过。所以我们应该学会珍惜现在的幸福，不要等一切都错过之后，再去后悔，那时一切已经来不及了。有时就算只是错过一点，但也会

错失掉太多的美好，或许还会错过一辈子，留下终生的遗憾，终生的愧疚。有时原本我们可以轻易地拥有幸福和快乐，然而我们却让它悄然溜走了。

相信每位中学生都看过那部被人们流传已久的《梁山伯与祝英台》，原本相爱的人虽然他们很相爱，但因为家人的反对，和错综复杂的人生而被迫分开，产生了永久不可磨灭的遗憾。但也正是因为有了这种遗憾，这份纯真的情义才越发显得弥足珍贵。假如他们真的走在了一起，白头偕老，那又怎么让人永远记得住他们那份刻骨铭心的爱情故事，这种承载了人世间太多的不舍，太多的分离。就算你是不甘心也好，不情愿也罢，也只能就此说再见，人们经常会这样说："天下没有不散的宴席"。而谁又能体会到真正的含义呢？这句再见承载了太多的思念，太多的等待。甚至一辈了的遗憾。

生活原本就是一个让人想象的谜，因为不知道谜底，所以只能小心翼翼的一步步地向前走，不敢跳跃，不敢奔跑。偶尔间，这人生中又会有许多的美好事物的呈现，不经意间的萍水相逢，却在悄悄中发现给予，简单的邂逅和错过，可以在心中烙下清晰的标记，铭记一生。但如果忘记了什么，忘记一段不该忘记的回忆，遗憾悄然的诞生了。

如果人们因为没什么，而产生了遗憾。或许，有的人会尽力弥补。但却不知他的弥补反而是让遗憾越来越大。或许，有的人会不屑一顾说还有下次。但有些人或机会，一旦错过就不会再来，所以我们不要把所有的希望寄托给下一次。面对遗憾，又能做些什么呢？

遗憾的美好与痛苦，总是在青春和时间中的悄然诞生而又在不经意间流逝。遗憾时间流逝之快，遗憾青春来去之飞速。但却不知，遗憾其实并没有发生。

◎**通过思考，感悟人生**

在生活中，能引起人们思考人生问题的机会并不少，但很多人一辈子都没有想过这些问题，也不愿去想，他们很容易满足现状。在生活中，青少年遇到更多的是生命、健康、人生、命运、事业、学习、情感等问题。这些问题在人生中不得不去思考，也必须去思考。也都有自己有的答案，或是没有答案。但这些问题并不重要，因这些问题构成不了生命的永恒，他们没有正确的答案，人们对它的理解不同，所以得出的结论也就不同。所以答案永远都在变化，他们的变化，或是因你看待问题的态度变化，或是处理事情的变化，任你给出答案。

当你出生的时候，你仅仅只拥有的一个躯壳，而这个躯壳会伴随着你的成长由小到大，不管你喜欢不喜欢，在人生的这段时间里，这个身体将永远属于你，你有绝对的权利去操纵它，但最终毁灭它的往往却不是自己。

在你获取生命之后，就必须接受生命的挑战，去学习基本的生存技能，到生活的学校当全职学生，每天你都会有机会学到不同的课程。这些课程会让你非常感兴趣，而有些或许会被你认为枯燥乏味。

你在人生的路上，会不断地增长生活的经验，增长个人阅历，重复体验成功与失败相互交替的过程，失败的经验和成功的经验一样都会深深的铭刻在脑细胞中，下次遇到同样类似的问题时，它会通过脑神经来提示你，让你不会犯同样的错误。

在生存中，你必须彻底学会吸取每个教训，及时纠正错误。你在体会到拥有的快乐时，便会产生永无止境的欲望。当你无法满足的这些欲望时，它会催你奋进，也会让你掉入深渊，误入歧途。所以我们做事之前必须谨慎，在反复思考之后，再下定结论。

在你追求物欲时，总会觉得没到手的一定比到手的好，就像猴子掰玉米一样，掰一个扔一个，到头来两手空空，一无所获，所以我们做事情应该有自己独特的见解。

　　在决定你一生的生存的方式时，你的生活全由你自己去支配，你可以让自己生活的很幸福，也可以让自己生活的很狼狈，这就要看你怎样去支配你的生活。你应该利用一切能利用的资源去达到你的目标。如何利用，就要看你怎样做出选择。

　　在你思考问题时，考虑到最多的应该是利害得失，表现出来的是大聪明，然而无论如何聪明都超越不了未知的聪明。

　　在你审视自己的时候，往往会陷入迷茫，往往会有"我为何而生，生之又为何"的幻想，这些幻想有时会让你的精神分裂。百岁老人从不会思考这样的问题，痴傻呆患者也不会思考这样的问题。

　　在短暂的人生过程中，常常会浪费许多时间去等待，等待着你也不知道下一秒将要发生的事情。好像没有什么办法可以避免，因为你既有思想又常常缺乏思想。

　　在日常生活中，会遇到很多的不如意，这一切都很正常，当你来到这个世界上，必然为自己挤占一个立身的位置，先来的，后到的相互拥挤，怎么会事事顺心没有竞争呢？所以一定要用包容一切的态度去包容别人。因为有压力，才会有动力。人才因此会变得更加多彩。

　　在交友过程中，总是希望绝对的占有，同样的占有意念交互在一起，往往难以平衡，矛盾也就无可避免，对爱情和友谊的真与假，纯与乱，美好与枷锁的疑问就接踵而来，让你无法辨认对与错，真与假。

　　人生的最大乐趣是通过自己的奋斗去获得属于自己的东西，所以有缺点则意味着进步，有匮乏之处意味着可以进一步努力。当一个人什么都不缺的时候，他的生存空间就会被剥夺。所以，人生过程坎坷也好，人生经历复杂也罢，不管是对己，还是对他人都应该通过思考来感悟。感悟人生的道理，关键在于如何卷土重来；感悟人生的真谛，关爱他人的前提是善待自己；感悟人生的旅途，你健康，他快乐，幸

福的大家庭！

4. 落榜只不过是从头再来

面对一年一度的高考、中考过后，有人金榜题名，就会有人名落孙山。而落榜成为不少莘莘学子心中永远的痛，心理发生了诸多变化，甚至背上沉重的精神包袱。有的青少年抱痛哭后悔自己的诸多不应该；有的青少年自暴自弃，任其发展；有的青少年则卷土重来，发愤图强。因为他们常常明白，失败不可怕，只不过是从头再来而已，关键在于自己的耐力。

◎失分不失志，名落孙山不可怕

青少年落榜后的心理归纳起来，主要可分为以下几种情况：

一、懊恼。产生这种心理的考生一般是那些平时成绩不错，自信心强，认为金榜题名是预料中的事。然而未能考上理想的大学，而成绩平平的同学却意外地考取了，心里更恨自己当时疏忽大意。失落与困惑的心理油然而生，常常唉声叹气。

二、失宠。在面临长期的升学竞争中，为了保证孩子进入一所好的学校，家长可以说是想尽一切办法在学习上和生活上给予孩子全方位的服务，家长对他们宠爱有加，把全部希望都寄托在他们身上。对于他们的要求，家长几乎是有求必应。在学校，老师也把每个学生当成大学的希望种子来培养。为了一致的目标，家长、老师和学生三位一体，共同拼搏。然而，有些同学在高考中落榜了，家长失望了，老师也失望了。特别是家里，原来给予孩子的一切待遇也随之消失了，有些家长还埋怨孩子。面对这种变化，落榜生心里充满了失宠感，进而产生苦闷、失意的心理。

三、自卑。在紧张的复习迎考过程中，有不少考生，特别是城镇市区的考生和平时成绩比较好的考生，他们把竞争成败看得很重，对他们的前途充满了信心。而高考录取分数线一公布，榜上无名的残酷现实使不少考生突然发现落榜已成为自己生活的现实，自己已经成为世人眼中的失败者，自尊心受损。高考前与同学平起平坐的平等感也随之消失，不思进取之心也渐渐滋生，面对那些"天之骄子"的昔日同学，他们感到高不可攀，自信心渐失，困惑焦虑不堪，自卑感油然而生。

四、内疚。在求学路上，几乎所有的父母都是费尽了心血，精心为孩子设计营养食谱，不分严寒酷暑接送孩子晚自习，为孩子请家教等等。而老师也为了学生的前途，几年如一日，起早贪黑，加班加点。家长老师所做的一切，使高中毕业生很明白其中的道理，于是他们更加努力学习，以报答父母和老师。然而，大学不是每个考生都能顺利跨进去的，被淘汰的这些学生，尤其是农村落榜生，特别是那些经济条件差的考生更甚，想起父母每日劳作，节衣缩食来供自己上学，就是希望自己能有出息，而到头来却辜负了他们的一片期望，感到内心十分内疚，感到对不起老师，对不起家长，从而陷入深深的自责。

五、孤独。在长达十几年的求学生涯中，学生通过勤奋努力，掌握了许多的书本知识，因此而失掉了许多人际交往的机会，身处学校并未发现有何难处。然而一旦落榜，就是要面对家长、老师之外的许多人和事，由于文化素质的差异，使他们成了一个特殊的群体。与人交往无论是言谈举止还是生活习惯都有别于他人。这都会使他们感到无所适从，孤独心理也由此产生。

面对考生的榜上无名，许多学生会或多或少的产生各种心态问题，考后的心态是否能调整好对他们今后的出路起着决定性作用。

　　青少年落榜后需要社会的支持，尤其是父母的支持，也就是给他们温暖，理智地分析，使他们以平和的心态面对落榜。可是对青少年来讲，在这个时候奢望父母的爱简直比登山还要难。考试成绩一出来，父母们管不住自己的情绪，把所有的埋怨、苦水都撒在孩子身上，直到逼孩子做出极端的事才后悔莫及。考生落榜，这对他们自身来说就是一个心理打击，也是青春路上必尝的"苦果"之一。

　　在现实生活中，考生面临着的不仅仅只是考试，还是父母的期望、同龄人的竞争，对他们造成的过分压力已远远超过了考试的真正内涵。在这个时候，他们最需要的是父母的安慰、亲朋好友的鼓励、老师的引导，除此之外，就是自身对"波折"的真正理解。作为新一代的青少年，应明确自己的目标，一个小小的挫折又算得上什么打击呢？它只不过是你青春路上的一片小插曲而已。既然落榜已成事实，不必再为此沮丧、懊恼，沉湎于痛苦之中。其实，上学也并不是所有青少年的惟一出路。有调查显示，未上过大学，靠自学成才者占60%。只要自己努力了，即使落榜也不必过于自责。其次是要调适自己的心情。适当的宣泄落榜带来的情绪，有助于缓解紧张、焦虑的心情，以减轻精神上的压力。

　　遇到这种情况时，与其让自己整天闷闷不乐，不如与知己、长辈等一吐心中的不快，还可以大哭一场。也可以去外地旅游或从事自己喜好的活动，使高考落榜的烦躁心情在环境的变换中得以好转。

5. 劣势有时便是优势

　　优势和劣势很多时候并不是绝对的。如果你把自己放在劣势处，就会在无形之中给自己压力，为自己注入进取的动力，而敢于把自己放在劣势的人，最终常常会将劣势转化为优势，从而取得成功。

曾有一剑客去拜访一位武林泰斗，请教他是怎样练就一身非凡武艺的。武林泰斗只是拿出一把只有一尺长的剑，说："如果没有它，我就不会有今天的成就。"剑客听后大惑不解，问道："别人的剑都是三尺三寸长的，而你的剑为什么只有一尺长呢？兵器谱上说：剑短一分，险增三分。拿着这么短的剑无疑是处于一种劣势，你怎么还说这剑好呢？"武林泰斗说："就因为在兵器上我处于劣势，所以我才会时时刻刻想到，如果与别人对阵，我会是多么的危险，所以我只有勤练剑招，以剑招之长补兵器之短，这样一来，我的剑招不断进步，劣势就转化为优势了。"

◎劣势不是必然

美国最大的胶片生产企业佳福公司，在很多年前，他们在暗房处理方面碰到了一个难题，那就是接片员在黑暗中工作不仅效率很低而且毛病还特别多。当他们在接受了聘请一些盲人来从事接片工作的建议后，一段时间后公司高兴地发现，正常人在暗房中每小时仅能完成 125 卷胶片，而残废了的盲人却很容易地增加到 160 卷左右。

其实原因很简单，虽然盲人眼睛看不见，的确在许多方面处于劣势，但他们的触觉却比正常人的要好很多，所以在暗房中操作更就是会显得顺手。而且，盲人因为眼睛看不到，会更加适应这种光线的变化。因为接片员在工作中，需要离开暗房取胶片再重新进入暗房工作，而盲人在这个岗位上就不用像正常人那样要花时间适应光线的变化，而从光线明亮的环境进入暗房或从暗房走到光线明亮的环境里就能直接操作，这也大大提高了盲人的工作效率。因此，在这项工作中，盲人与正常人相比要占很大优势。

事实上生活中很多事情，在有些人看来的确是劣势，但在有些方

面则可以发挥出它的劣势而变为优势。人人都知道萤火虫的头顶有一对颚，如果弯拢起来就会成为一把钩子，钩子上还有一条沟槽，它细小得像头发，非常尖利。当萤火虫捉蜗牛时，它会先用颚在蜗牛的肉体上轻轻地敲敲，在敲上五六下之后，蜗牛通常是不会把弱小的萤火虫放在眼里的，对它的冒犯也并不会当回事，甚至会觉得被敲打几下还舒服的！殊不知，萤火虫的这种敲打就是在向它注射一种毒液。蜗牛就在毫不警觉的情况下被麻痹，直至失去知觉。在蜗牛被毒倒后，萤火虫再敲打几下，注射另外一种液体，就会使蜗牛的肉质变成一种流质，接着用管状的嘴喝下去。因为一只蜗牛可以供不少萤火虫吃上好几天。在此，萤火虫的胜利，不仅仅因为它有致命的毒液，更得益于它有一副弱小的、能迷惑对手使对手能放松戒备的身躯。面对精明的蜗牛，萤火虫的弱小不是劣势，反而成了得天独厚的优势。

青少年你看了这个有什么启示呢？的确，很多时候某些劣势（缺点、短处等等）在适合的条件下就会转换为成功的利器，但是最为关键的是你要积极地思考，才能让劣势转变为让你脱颖而出的制胜法宝！很多人也许会嘲笑蜗牛，但却很少有人想生活中多少人又何尝不是这样呢？一些人不会轻易败给表面强大的较量者，也不会轻易败在十分重大的问题上，但他们却会轻而易举的败给看似弱小的对手上，败在一些看似无关的细节上。这是因为他们对前者不会轻视，而对后者却容易放松警惕。

◎劣势成为优势

生活中，越是看起来不堪一击的对手，看似无足轻重的细节，其实越是不可将其忽略或掉以轻心。因为，劣势很多时候会转变为优势。从另一个角度去看，无论是劣势还是优势都不是绝对的，或劣势转优势，或优势转劣势，或优劣互转都有可能互转。

　　有一个十岁的男孩，在一次车祸中失去了左臂，但是他却很想学习柔道。终于，小男孩拜一位日本柔道大师做了师傅，从此开始了他学习柔道的日子。在学习的过程中，他学得很不错，可是练习了三个月了，师傅始终只教他一招，这时小男孩有点迷惑了。

　　一天，小男孩终于忍不住问师傅："我是不是应该再学学其他的招术？"

　　师傅回答说："不错，你的确只会一招，但你只要学会这一招就足够了。"

　　小男孩还是不太明白，但他却很相信师傅的话，于是每天还是继续照着这一招。

　　数月后，师傅第一次带着小男孩去参加比赛。小男孩没有想到刚开始的比赛非常顺利，很轻松地赢了前两轮。到第三轮时他稍微感觉到了难度，但对手还是很快就变得有些急躁，连连进攻后，小男孩敏捷地施展出自己的那一招，又赢了。就这样，小男孩一次次小比赛后进入了决赛。

　　决赛的对手比他要高大、强壮很多，同时对手也非常有经验。比赛开始后小男孩显得有点无措，裁判也开始担心小男孩会因此而受伤，于是叫了暂停，还打算就此终止比赛，但小男孩的师傅却不答应，坚持要让比赛继续下去。当比赛重新开始后，对手开始放松了戒备，小男孩则立刻使出那一招，制服了对手，由此赢得了比赛，赢得了冠军。

　　在返回的路上，小男孩和师傅一起回顾每场比赛的每个细节，小男孩说出了心里的疑问："师傅，我怎么只会一招就能赢得了冠军？"他的师傅答道："因为你几乎完全掌握了柔道中最难的一招；另外就是对付你这一招惟一地办法就是对手抓住你的左臂。"

　　在这个世界上，没有什么事情是绝对的，有的时候，人的劣势未

必就是劣势，可能反而成为优势。这样的故事还有很多，正如人们常说的"人世间的事情难以预料"的确优势与劣势在瞬息间就可以转变，也就是在这个世界上没有什么是绝对的优势与劣势。青少年朋友们就要时时地提醒自己，不要总拿自己的劣势来打击自己的信心与勇气了，因为很多时候，或在某个特定的事情，或在某个特定的场合，那劣势就是优势。

青少年朋友们应该懂得，在这个世界上根本没有什么事情是绝对的失败，也没有什么就是一定的劣势。因为很多时候在不同的场合，或在不同的事情上，你所认为的劣势恰恰就是优势。

6. 一百零一次站起来

"当代保尔"著名作家张海迪说：即使跌倒一百次，也要一百零一地站起来。人生的道路，漫漫兮其遥远兮，多少人跌倒在这条路上，就再也没有爬起来；多少人把这条路看得遥远可怕，以为是不可登的，这是弱者的表现。可是，又有多少人跌倒后又站了起来，同样可以笔直地站在蓝天下，继续前行，这样的人是强者。亲爱的同学们，你愿意做一个弱者还是强者呢？众所周知，没有人愿意承认自己是弱者，更不愿意做弱者。当你跌倒时，总有一颗流星划过，那是在传送给你一些微小的力量，让你在思考中寻找前进的方向。在青少年的成长过程也是一样，即使跌倒一百次，也要一百零一地站起来。

◎摔倒了，勇敢地站起来

同学们，还记得孩提时代摔跤的情景吗？还是否记得那时候的你们是自己爬起来的吗？想想看自己曾一直视父母为手中的拐杖，学走路的过程中，摔倒了，总会有一种侥幸的心理：父母一定会来扶起自己。而被扶起来的你们就产生一种依赖性，不能够锻炼自己的能力，更学不会坚强。这种依赖性是非常可怕的。

你们总会长大，总要离开父母的扶持去开创自己的人生。在迈出"依赖"怀抱的第一步时，对于你们来说，也许要经历无数次的摔跤，经历伤心失意、困难挫折，这些都是在所难免的。而这时候的你们，要学会勇敢地去面对现实，从"荆棘"的人生中走出来，要记着：即使摔倒了一百次，也要有勇气一百零一次站起来。

在人生这个大舞台上，你们要学会面对很多，复杂的人际关系、繁琐的事情等一系列的问题，都要等着你们来处理。这时候，不能再像小时候的摔跤等着父母来搀扶你；这时候，你们要做的就是跌倒了，怎样想办法站起来。俗话说：从哪里跌倒就从哪里站起来。

大家不要总去等待他人的帮助，一次次的摔跤后，拍拍身上的灰尘，抖擞抖擞精神，继续前进！要知道，世上从来不曾有什么"救世主"，命运把握在我们自己手中，在挫折中奋起才是生活的"真谛"！谁不是受伤后学会了坚强？谁不是跌倒了才知道站起来的"英姿"？挫折会让一个人由成长并走向成熟。

青少年朋友们，无论面对的挫折有多大，都要勇敢地去克服它。最终，这些挫折会向你低头，向你屈服，你就再也不用跌下去，牢牢地定住脚，因为你已经到达了成功的彼岸。没有什么能够比得上此时的喜悦。

其实，在我们的生活中，谁都会遇到困难和挫折，谁都有跌倒的时候，可我们不能被它们所打倒！即便失败了，也要站起来重新来过！因为下一次我们一定可以成功！学会自己勇敢地站起来，面对"多彩"的人生，这就是我们的与众不同。

有一本书，曾这样写到：当我们看到前途遥远可怕时，要提醒自

己，不要想着远在天边，而要着眼于那最初的小小一步，走了这一步后，再走下一步，直到要抵达的地方为止，这时便可以惊奇而自豪地回头看看，自己走过的路有多么遥远。的确，成功时的喜悦，是无人能够体会到，分享到的，只有自己，才能拥有这幸福的时刻。

在青春的道路上，有成功也有失败，有快乐也有悲伤。但摔倒了再爬起来，仍不失为大将风度。不要躺在地上呻吟或后悔而不再起来，那样做是不明智的。因为，在成长的道路上谁也救不了你，只有勇敢地站起来坦然面对，才是生活中真正的强者。

同学们，要想抵达成功的彼岸，要把那条泥泞而曲折的人生路，转变为平坦而笔直的大道。就要勇敢地跌倒了再爬起来，继续前进。在人生道路上画上一个圆满的圆。

◎100 次跌倒，101 次站起来

在生活中，每个人都在为成功而拼搏，也都经历了成功背后那说不清倒不完的艰难险阻，而这些需要靠自己的自信和毅力来征服它。如果在这条坎坷的道路上，你跌倒了一百次，这时的你害怕了，退缩了，因为你怕第一百零一次的再次跌倒。这样的想法是消极的，错误的，为什么不想一下一百零一次站起来后的结果呢？

俗话说：自古名人多磨难。自古以来，有多少名人经历过"九九八十一难"而取得真经。名人之所以成为名人，大多经过逆境的种种磨难。他们面对逆境，不怨天尤人，不哀叹哭泣；咬紧牙关，奋力抗争以不屈不挠的斗争精神，战胜逆境，成为胜利者。

亲爱的青少年朋友们，你们暂且不用先为"名人"而拼搏，应从做一个"胜利者"、一个"强者"开始。要知道，人生的历程，大体逆境占了十分之六七，顺境也占了十分之三四，而顺逆这两种境遇又常常是相互交替着轮流出现。无论事情是大是小，必然会遇到几次乃

至十几次的阻力，这种阻力虽然有的大有的小，但总之必定是不可避免的。

试问一下，在铺满荆棘的道路上，谁没有摔倒过？与其终日躲在避风港里，倒不如出外受一点狂风、暴雨的袭击。只有这样，人们才会勇敢地去面对挫折、坎坷，也只有这样，才会领悟人生的真谛。

每个人在一生中都会有无数次地跌倒，可是，跌倒后，大家又将如何去对待呢？当你们摔倒时，只要仰望天空，便会发现今天的天空蓝蓝的，并广阔无边地向着你们微笑。或者，把手放在胸口上，去感觉自己的心跳，然后对自己说：站起来才是强者。

作为强者，就要跌倒后不等他人来扶，而是在跌倒的过程中，学会吸取经验，真正体验一把爬起来后那种成就感：原来我是可以站起来，我自己也可以做的更好！常言道："吃一堑，长一智。"正是如此。可有的人为什么不敢自己爬起来呢？是怕爬起来还是怕人耻笑？胜利者有胜利者的潇洒，失败者也要有失败者的风采。

同学们，经历过磨练的你，才会不怕艰辛，勇于摆脱逆境，才能走上完美的生命之路，一时陷入逆境并不意味着失败，站起来，勇敢地走下去！走着生命的路，像品尝一杯咖啡，仔细品味后才能尝出它的香。

摔倒了，再站起来！

不要再为昨天、今天的摔跤而悔恨，因为明天还要继续，摔跤的朋友，请试着自己站起来吧！争取做生活的强者，扬起信心的风帆，乘风破浪，像高尔基笔下的海燕，勇敢的接受暴风雨的洗礼！

第三章

敢于挑战困难

第一节　挑战困难　磨砺人格

1. 走出挫折造成的阴影

不经一翻彻骨寒，怎得梅花扑鼻香。

迎难而上，永不言弃，永远会说"Never Say Die！"

◎迎难而上，永不言弃

心理学家做过这样一个试验：将两只大白鼠丢入一个装了水的器皿中，它们会拼命地挣扎求生，一般维持的时间是 8 分钟左右。然后，在同样的器皿中放入另外两只大白鼠，在它们挣扎了 5 分钟左右的时候，放入一个可以让它们爬出器皿的跳板，这两只大白鼠得以活下来。若干天后，再将这对大难不死的大白鼠放入同样的器皿，令人吃惊的结果出现了：两只大白鼠竟然可以坚持 24 分钟，3 倍于一般情况下能够坚持的时间。前面的两只大白鼠，因为没有逃生的经验，它们只能凭自己本来的体力来挣扎求生；而有过逃生经验的大白鼠却多了一种精神的力量，它们相信在某一个时候，一个跳板会救它们出去，这使得它们能够坚持更长的时间。这种精神力量，就是一种永不放弃的积极心态。其实，成功者与失败者并没有多大的区别，只不过是失败者走了九十九步，而成功者走了一百步。

永不放弃是一种力量。在职业发展的过程中，这种力量不仅体现在对事业的追求，而且同样体现在对一种文化的追求，一种精神的追求上。在很多情况下，这种追求甚至比知识的力量更强大。永不放弃有两个原则，第一个原则是：永不放弃；第二原则是当你想放弃时回头看第一个原则：永不放弃！职场人士要永远切记：成功者的力量就是心存希望，永不放弃。

在人生的道路上，谁都免不了碰上这样那样的挫折和困难，关键是如何对待它。巴尔扎克说："苦难，对于天才是一块垫脚石，对于能干的人是一笔财富，对于弱者是一个万丈深渊。"因此，挫折和苦难是信念、意志和能力的试金石：信念坚定、勇于接受挑战的人，能够紧紧地扼住命运的喉咙，从挫折和困苦中汲取成长的智慧，把人生路上的绊脚石变成垫脚石；意志不坚定或容易满足的人，可能会打拼一阵子，但往往半途而废，无奈地举起投降的白旗；胆怯、懦弱的人常常被挫折和困难吓倒，有的自暴自弃、随波逐流，有的望风而逃、一败涂地。

然而，挫折和苦难并不是天然的财富和垫脚石，要从中得到财富和智慧，需要舍我其谁的责任感、坚如磐石的信念和经年累月的坚持。

◎**学会忘记曾经的阴影**

如果一个人，跌落进一个黑暗的枯井里，在外援无法及时到达的情况下，是痛苦等待，还是想方设法自救？面对难以抗拒的命运，面对艰难险阻，是自怨自艾，还是自强不息？而在现实生活中，不用到处寻找就能知道答案——不怕困难，永不放弃！

像这样的例子举不胜举，为了照顾生病的老母亲，大学生张尚昀白天外出打工，挣钱为母亲治病，晚上守着母亲挑灯夜读。"当代保尔"张海迪已与病魔抗争了45个春秋，面对残酷的现实，他们带给人们的不是心酸苦痛，而是最宝贵的精神财富和热情洋溢的笑容。在青春的道路上，他们选择了独立和坚强，选择了责任和担当。因为他们

深深地明白，只要脊梁不弯下，就没有闯不过的坎，只要精神不垮，就没有解不开的难题。

和他们相比，有些学生应当感到惭愧：他们的学习条件要好得多，生活的压力要小得多，却没有感觉到更多的幸福和快乐，反而经常因为一些鸡毛蒜皮的小事闷闷不乐、顾影自怜、怨天尤人。有的遇到挫折后，殴打、虐待小动物，发泄自己的不满；有的在感冒后不去医院看病，而是千里迢迢地跑回家找父母；还有的毕业多年后依然离不开父母的援助，成为没出息的"啃老一族"……苦难显才华，好运隐天资，当我们向苦难和挫折俯首称臣的时候，常常错过了历练自己的机会。

对于逆境厄运，当代青年不应自嗟自伤，而应该像先贤教导我们的那样，学会对自己说：这没有什么了不起，坚持奋斗，生活总会好起来的。如果广大青年朋友们都能像张尚昀那样，无论如何艰辛，都能承担责任，自重自尊，战胜困难，永不言弃，我们的理想必定会实现。

一个人应该知道自己能够做什么，应该做什么，必须做什么，更应该知道不应该做什么，不要做什么。因而，保持清醒的头脑远比聪明的脑袋更为重要。一个人如果能在坚持与放弃间保持一份清醒，那么成功就在前方的不远处等待着你，微笑着向你招手……

2. 勇于突破自我，战胜自己

古人说："知己知彼，百战不殆"。如今在现实生活中又何尝不是呢？人生就像是一盘棋，怎样去下，每一个下一步要怎样走，全由自己掌握。也许会走错棋，也许会走进死胡同，没关系的，只要这盘棋

102

还没有结束，一切都有可能发生。对于中学生来说，只有在前进的道路上，勇于突破自我，即使是失败也是一种锻炼。要做到胜不骄，败不馁，不要永远活在失败的阴影下，勇敢地去找寻失败的原因，提升自己，战胜自己，相信自己一定能把人生这局棋走得很精彩！只有勇于突破自我，才能少些不必要的烦恼与忧愁。郑板桥说："千磨万击还坚韧，任尔东西南北风。"勇于突破自我，无需犹豫！战胜自己，何须等待！拿出你的勇气来，勇往直前，永远争取吧！

◎突破自我，需要勇气

人生如戏，每个人都是主角，不必模仿谁，我是我，你是你，好好地活着，为自己活着。有梦想就大胆的追求！失败也不要放弃，随它花自飘零水自流。其实对中学生来说，真正的成功，不在于战胜别人，而在于战胜自己。

小宝从小性格就内向，自尊心也特别强，所以学习成绩一直也很好。可是，最近她总以为别人时刻都在用鄙视眼神的看她、评价她，所以她担心自己会出什么差错，否则，会让人看不起。后来，她暗恋上了班内的某个男生，但又不敢表露出自己的爱慕，还怕别人知道这个秘密。有一次，好朋友给她开玩笑说："我知道你爱上他了，你别藏在心里啦！"她一听心里急得发慌，担心别人会对她评头论足。从此以后，她见人就躲开，不愿理会别人。有人找她聊天、玩耍，她就面红耳赤、心慌意乱，而且说话也是语无伦次，最后导致一见人就担心害怕。

以上这个事例表明，小宝是由于社交恐惧心理导致她不能正常与同学交往。最终陷入困境、不能自拔。这种社交恐惧是因心理紧张而造成的心因性疾病，只要有这种心理的中学生做到全面了解自己、树立自信心、改善自己的性格、学会与别人交流、掌握些社交技巧……

103

只要将这些落实到位，相信战胜不良的心理障碍指日可待。

中国有句俗语说得好："不会战胜自己的人，是胆小的懦夫。"突破自我，需要勇气，需要其顽强生命的活力。中学生朋友们，无论是健全的身躯还是残缺的臂膀，无论是优越的条件还是困窘的环境，大胆地拿出你的勇气，你的胆识，去克服困难，克服恐惧，克服失败带给你的消极情绪。不管你正在前行中，还是失意时，此刻不要再彷徨，不要再犹豫，对现在的你来说从失败中找出通向成功的途径才是最重要的。

青少年朋友们，只要勇于突破自己的防线就等于打开了智慧的大门，开辟了成功的道路，铺垫了自己在人间的旅途，铸成了自己的一种面对任何烦恼和忧愁的良好心态。

◎战胜自己，走向成功

他出生在一个寂静荒野上的村庄，因为贫穷，常被赶出居住地，全家人不得不经常搬家。9岁的时候，母亲不幸因病去世，生活变得更加艰难。22岁时，他失业了，很是伤心，决定参加州参议员竞选，但落选了。想进法学院学法律，但因种种原因进不去。不得不向朋友借钱经商，可不到一年就倒闭破产了，欠下了巨额外债，此后的几年里，他不得不为偿还债务到处奔波。

25岁，他再次参加州参议员竞选，竟然赢了，以为从此好运就会来了。第二年，正当他准备结婚时，未婚妻不幸去世，受到打击，为此心灰意冷，而卧病在床。

29岁，竞选美国国会议员，结果没有成功，但他没有放弃，于第二年又参加竞选美国国会议员，可还是落选了。

因为竞选赔了一大笔钱，他申请担任本州的土地官员，但申请被退了回来。几年里，接二连三的失败并没有使他气馁，而是勇敢的面

对，挑战失败。过了两年，他再次竞选美国国会议员，依然遭到失败。

1860 年，在他 51 岁时，他终于当选为美国总统。他就是一个令全世界都为之叹服的伟人——美国第十六任总统，亚伯拉罕·林肯。他战胜了生命中接踵而来的各种挫折与不幸，最终战胜了自己，登上了人生理想的高峰。

鲁迅先生说："人生的旅途，前途很远，也很暗，然而不要怕，不怕的人面前才有路。"的确，在通往成功的道路上，不乏荆棘和陷阱，到处都有困难和坎坷。有些人遭到了一次次失败，便把它看成拿破仑的滑铁卢，从此一蹶不振。而对于一心要取胜、立志要成功的人来说，一时的失败并不是永远的结局，在每次遭到失败后重新地站起，要比以前更有坚强的毅力和决心向前努力，不达目的决不罢休。

布伦克特说："只要不让年轻时美丽的梦想随着岁月飘逝，成功总有一天会出现在你面前。"要坚持你的梦想，不要退缩，成功并不是海市蜃楼，那是黎明前的黑暗，因为阳光总在风雨后，请相信有彩虹！坚持自己的梦想，成功就在你的前头！

纵观古今中外的成功人士举不胜举，司马迁虽然身受宫刑，但仍不屈不挠，凭着顽强的毅力完成了巨著《史记》；海伦自小双目失明，饱受病魔缠身，但她自强不息的精神促使她写下了一部又一部脍炙人口的文学著作……战胜自己说起来容易，但是真正地做起来要比战胜别人难得多，因而战胜自己，就要有坚韧不拔的意志，要有根深蒂固的信念，要有在逆境中成长的信心，要有在风雨中磨练的决心。不要时时刻刻把战胜别人看得太重要，最大的胜利便是战胜自己。战胜自己并非易事，所以，中学生朋友们要加强培养战胜自己的目标·决心、能力及克服困难的勇气。

卡耐基曾说:"经过无数次失败以后,姗姗来迟的东西叫成功。"漫漫人生路上也正是有了成功与失败,生活才有意义。作为东升旭日的青少年,要明白成功绝非偶然,是靠艰辛的付出和耐心的积累而来,当你在一次次的失败后,又一次次的选择后,就会发现成功的坦途已经铺到你的面前了。要记住,在生命中勇于突破自我,战胜自己,不要放弃自己的梦想和追求,努力向前。

3. 化悲痛为力量

每一个人在生活中,总会遇到一些不开心的事,但是每个人面对的方式是不一样的,有的人在小小的悲痛之中便一蹶不振,从此没有了斗志,而另一种人则会化悲痛为力量,重整旗鼓,迈向自己的成功。

◎凤凰涅槃,从挫折中走向新生

阿明是一个喜欢踢足球的人,他的技巧并不足以在定期的球季比赛中踢球。但是在4年里,这个衷心付出、忠诚不逆的年轻人,从未错过练球。教练对阿明的忠心耿耿与无私奉献的印象非常深刻,同时也对他对待父亲的诚挚热爱感到惊讶。有好几次,教练曾经看到阿明和前来探访他的父亲手挽手在校园内散步。但是教练没有机会与阿明谈到他的父亲或是认识他。

阿明在高年级的时候,那一次是在赛季中最重要比赛的前几天的某个晚上,教练听到有人敲门。打开门,他看到阿明,脸上充满悲伤表情。然后阿明喃喃地说:"教练,我爸爸刚刚去世,我可不可以这几天不练球回家?"

教练说："我听到这消息很难过。当然，让你回家是毫无问题的。"

当时阿杰只是低声说"谢谢"当他转身离去时，教练又补充说了一句："请你不必意在下星期六比赛前及时赶回来，你当然也不必担心比赛了。"

当时他只是点点头然后离开了。

但是就阿明就在星期五晚上，离大赛仅数小时，阿明又再一次站在教练的面前。

"教练，我回来了！"他说，"我有一个请求，可不可以让我明天参加比赛？"

教练原本想借着说明这场球赛对球队的重要性，来劝服他放弃请求。但是，教练什么也没有说，最后竟然同意了阿明的请求。

就在那天晚上教练辗转反侧，而且脑子里还一直想着一个问题："我为什么会对这个年轻人说可以呢？敌对球队一般被认为按实力会赢我们3个球。我需要让最佳的球员参与整个比赛。假设开球轮到阿明，而他失误了；假设他参加比赛，而他们输了五六个球……。"教练还是有一点不太放心，从这里也可以看出，教练无法让这个年轻人上场。这点是毫无疑问，不过毕竟他已经答应了阿明。

所以，当乐队开始演奏，观众兴奋吼叫时，阿明站在目标线上，等着踢开场球。

"反正球可能不会到他那边。"教练自己这么想。

不过，教练会调度一阵子，确定其他的中卫及后卫带到球，然后他可以请这个年轻人下场。那样他就不必担心会有重太失误产生，同时他依然可以信守诺言。

"喔，不！"这很让教练出乎意料，当开场球正中阿明的怀中时，

教练呻吟着。但是，未出现教练预期的失误，阿明紧紧抓住球，闪开了 3 个冲刺的防卫，跑过中场，最后被扭倒在地。

教练以前从未见过阿明跑得如此敏捷有力，而且或许感应到某些事，他叫后卫给阿明暗号，后卫用手把敌手推开，阿明用力突破扭倒，得到 20 码球来回应。他带球通过了目标线。

优势的对手愣住了。那人是谁？他甚至不在敌队的情报记录中，直到那个时候，他一年才参赛整整 3 分钟。

后来教练让阿明留在了场内，他在整个上半场中，又是攻击又是防卫。扭倒、拦截、击倒传球者、对锁、快跑——他全做了。阿明的表现这无疑都让教练吃惊。

在这中间，失败的敌队获得两个扭倒。在下半场，阿明继续激励自己队友。最后枪响时，他的球队赢了。由于打赢了不可能的胜仗，球员休息室中闹哄哄的。教练找到阿明，发现他把头埋在手中，躲在远远角落里安静坐着。

"孩子，刚刚在外头发生了什么事？"教练抱住他问。"你不可能打得像刚才那么好。你没有那么快、那么强壮，也没有那么技巧纯熟。怎么回事？"

阿明望着教练，慢慢地说："你知道，教练，我父亲是瞎子。这是第一次他可以看到我参加比赛。"

在生活中，每个人都会遇到不幸，关键是当生活中我们遇到巨大的不幸时，与其沉浸在痛苦之中，不如化悲痛为力量，更加热情地投入工作和生活。

化悲痛为力量，是一个不错的解脱方法。很多天才都是受到一些挫折后，或悲痛为力量，最终成为天才。失恋了，很痛苦，但是如果一味的沉浸其中你会更加痛苦，应该转移注意力，在彻底地思考以后，

当一切都不再可能，当她已不会再回来，无谓的伤痛是没有用的。这是应当全身心地投入到感兴趣的事情上，转移注意力，这样感到充实了，有了快乐了，就很容易得到解脱了。

思维心理学大师史力民博士指出："乐观是成功的一大要诀。"他说，失败者通常有一个悲观的"解释事物的方式"，即悲观者遇到挫折时，总会在心里对自己说："生命就这么无奈，努力也是徒然。"由于常常运用这种悲观的方式解释事物，无意识中就丧失斗志，不思进取了。"

史力民博士师承行为学派，他还说，人类的所有行为，无论乐观，还是悲观，都是"学得的"。因而悲观者的悲观性格，并非"命中注定"，而是"后天养成"的。悲观者可以力强而至，学成乐观。我们在遇到痛苦的时候，一定要记住，化悲痛为力量，尽自己的努力去做到最好，不应该被挫折所打败，更不能被失败所打倒。史力民博士指出化悲观为乐观的三个原则，人人都有必要学得它：

1. 不要扩大事态：如果你做一桩生意失败了，不要说："所有生意都难做，以后还是收山好了。"你要对自己说："这一桩生意失败了。我学到了些什么呢？我下一次应该怎样才能避免犯同样的错误呢？"

2. 不要"人"与"事"混淆：当一件事失败的时候，不要说："我是失败者。"这样你便将"事"与"人"混淆了。你要对自己说："我做这件事总有不当的地方，才出了这么大的错。我下次该怎样做才适当？"

3. 不要夸大时间：当你有不如意时，切勿就对自己说："我时时都是倒运的。"这是不可能的！你要对自己说："似乎很多时候我做事部不大如意，到底原委何在？"

当你立志改变灰色的人生观，树立光明的人生观，成功与健康便不再是由"命运"所操纵了，因为你自己已成了一个"造命人"。不管在什么时候，青少年一定要守住自己的力量，不要被一些事轻易打倒，否则的话就会失败。要想成功，就要懂得在关键时刻化悲痛为力量。

4. 有困境才有希望

成功不是每时每刻都那么幸运地降临你每一个人的身上的，世界上成功的人们总是试图从困难中寻找希望，而失败的人则是只会从希望中寻找困难。这就是为什么有的人一辈子都能成功，而有的人是一辈子碌碌无为的差异。

青少年要想让自己踏上成功的台阶，必须学会寻找自己的困难，做事情遇到了哪些困难，那么就要想办法自己去努力地解决，而不是去借助他人的力量去解决。困难是需要人们经受一定的考验的，并不是每一个人都有困难，有困难只有自己去用心去发现。

◎一切困难都源于自己的内心

长期处于困境的人们，其内心都是有一定的耐心去值得考验的，并不是困难莫名其妙地就赋予了一个人，那是在考验一个人是否能战胜自己所处的困境的。有才能的人会抓住困境这条藤去摸索希望之路，而没有头脑的人则只会让希望悄悄地从自己的身边溜走。

曾经有一个年轻人在报上看到应聘启示，正好有一份是适合他的工作。于是就去应聘。当他准时前往应征地点时，已经有几十个男青年在排队了。并且在他看来，那些青年们都是高学历的知识青年。但是他并没有就此灰心。

如果是一个对事持消极态度，意志薄弱、不太聪明的男青年来说，可能会因为这些而打退堂鼓。但是这位青年人而与之相反。他对事非常的积极，非常主动的人，认为自己应该动脑筋，运用上帝赋予的智慧想办法解决困难。他的思维空间并不是那样的狭小，而是认真用脑子去想，想办法解决。于是，这位年轻人想出了一个很好的办法。

他在一张纸上写了几个字。然后走出行列，让他后面的男孩为他保留位子。他走到前台女秘书面前，很有礼貌地说："小姐，请你把这张便条交给老板，这件事很重要。谢谢你！"

女秘书对年轻人的印象很深刻。因为他看起来神情非常的愉悦，文质彬彬。如果是其他的应征人员，她可能不会注意，正是因为在这个年轻人身上透露着一股强有力的吸引力，非同寻常，因此令人难以忘记。所以，她将这张收下并把纸交给了老板。

老板给过纸条打开一看，看后把纸又给了秘书，女秘书也看了下纸条，笑了起来，上面是这样写的："先生，我是排在第21号的男孩。请不要在见到我之前做出任何决定。"

我们试想那位年轻人到底找到工作了吗？像他那样的，对事情都有一种积极的态度去面对，做事非常主动的年轻人无论到什么地方都会有所作为的。虽然他年纪很小，但是他知道去主动给自己争取机会，抓住问题的关键，然后从各方面解决问题，并尽他的全力做好。

所以我们用积极的心态来面对困难，只有把困难当作是一种希望，并善于运用自己的智慧，这样才可能把事情做好，成为一个真正的成功者，把困难变成希望。

◎解除困境，抓住希望

困境不是从来就有的，看一个人用什么心态去面对了，困境有时

就像一个软气球，你吹足了空气在里面，气球就可以很快地飞上天空。但是你如果不吹它，它就会充满很多阻碍的气体，无法满足起飞。人生何尝不是这样呢？气球都能充满了其他的气体，人生也是充满了困难的，所以，解除困境，学会抓住手中的希望。

有这样一个故事，有位老农养了一头老驴。有一天，老驴掉进了井里。老农听到老驴痛苦的喊叫，想把它救出，但是他自己没有这个能力，不忍心眼看着它艰难痛苦地死去。于是就请人帮忙，一起往井里铲土，想把它活埋了。一锹一锹的土打在老驴的背上，老驴吓坏了意识到生与死，就在这个时候，这头老驴并没有放弃生的希望，积极的思考问题，就在那一刻惊醒了它。老驴突然想到一个好办法：它心想，这样慢慢死去，还不如把这些土作为自己爬出井的垫脚，一步一步爬上去！想到这儿，老驴就用力拼命抖掉背上的沙土，然后踏着越来越厚的土堆，慢慢地往上爬。嘴里还自言自语，不断鼓励自己：

"抖下去，爬上来。抖下去，爬上来！"

老驴不怕沙土打在背上有多痛，也无论形势看起来多么绝望，老驴不让自己惊慌失措，很镇定坚持不懈地努力往上爬着。终于，老驴伤痕累累、精疲力竭的爬到了井口，安全地回到了地面。

这个故事给我们深刻的启示：只要能够用积极的心态来面对困难，在困难之中寻找希望，那么困难将会给我们带来意想不到的收获。从另一个角度上说，对于一位做事有主动性，有积极态度的人来说，在他们的眼里有多少困难就有多大希望，他们会想尽办法在困难这中寻找希望。

要想成功，就要把困难看作是希望，告诉自己困难是对自己的挑战，困难是对自己能力的超越。只有拥有了这样积极的心态来面对困

难险境，才会发现一片广阔的新天地，这就是困难带给自己的新境界新领域。

古往今来所有的成功人士，都是从困难中走过来的，困难的存在是永恒的，逃避困难，就等于拒绝接受成功。困难锻炼人，困难考验人，困难造就强人，解决困难，能锻炼我们的能力。我们应该感谢困难，越是困难的事情竞争者越少，机会和效益也越大，越是困难的事情我们就要更加努力去做好，一个人如果能把有难度的事情做成功，才能得到更多人的欣赏、承认和尊重，每部名人传记，都是面对困难并战胜困难的人生经历。那些名人无不在说明困难就是努力奋斗战胜的动力，从而得到更好的希望。

青少年在困境面前要学会摆正自己的心态，化困境于力量，让力量去带动自己的梦想寻找希望，那样，自己的生活就会因此而绚丽多彩了。

放飞你的梦想，迎着困境知难而上，把困境当做人生路上脚旁的一朵小花，遇到了小花，就要学会去用积极的心态去采摘，那么小花有可能就变成了希望。抓住希望，抓住人生的重要的转折点。

5. 在风雨中历练自己

歌德曾经说过这么一段话："我一生基本上只是辛苦工作，我可以说，我活了七十五岁，没有哪一个月过的是真正舒服的生活，就好像推一块石头上山，石头不停地滚下来又推上去。"罗曼罗兰也说："天才免不了有障碍，因为障碍会创造天才。"记得巴尔扎克说过："苦难是人生的老师。"这是一个普遍的现象：即便是成功者和大人物，他们在事业的开头也往往是以挫折和失败为开场白的，而且即便日后获得了成功之后，还经常会碰到挫折，这一点与一般人对功成名就的成功者的理解并不相同。

◎逆境出人才

大剧作家兼哲学家萧伯纳曾经写道："成功是经过许多次的大错之后才得到的。"在通常情况中，经历过无数次的痛苦失败才能得到伟大的成功。成功出于从错误中学习，因为只要能从失败中学得经验，便永不会重蹈覆辙。所以，失败就如冒险和胜利一般，它也是生命中必然具备的一部分。

当我们遇到挫折时，必须记住：每一次失败都是为了我们再踏上更高一层的阶梯。当然，在这途中，我们难免会感到灰心与疲惫，但我们要知道，就像世界重量级冠军詹姆士·柯比常说的："你要再战一回合才能得胜"。每一个人的内在都有无限的潜能，但除非你知道它在哪里，并坚持用它，否则毫无价值。所以，在遇到困难时，你要再战一回合。

我们都知道音乐家贝多芬，他的事例就能很好地说明：逆境出人才。贝多芬的一生充满了痛苦：父亲的酗酒和母亲的早逝，使他从小失去了童年的幸福。当别人家的孩子还在无忧无虑地享受欢乐和爱抚的时候，他却必须得像大人一样承担起整个家庭的重任，并且成功地维持了这个差点陷入破灭的家庭。这是命运赐予他的第一个磨难，但这磨难并没有击垮他。

后来，由于家庭的缘故，他青年时期就失意孤独，而当他在步入创造力鼎盛的中年时，又患耳疾，双耳失聪。对于一个音乐家来说，还有比突然耳聋的打击更沉重的吗？贝多芬一生中几次濒于崩溃的境地，他在三十二岁时就写下了遗嘱。但后来，在他还是顽强地战胜

了命运的打击。他曾经大声呼喊："我要扼住命运的咽喉，它决不能把我完全推倒。"即便是在困难重重最痛苦的时候，他还是凭着自己的坚强斗志完成了清明恬静但又激昂奋斗的《第二交响曲》。他一生经历无数次地挫折与磨难，但是，每一次痛苦和哀伤都被他转化为欢乐的音符与壮丽的乐章。他的一生就是一部交响乐。故而，他后来被人们称为"交响乐之王"。

其实，在生活中，每个人都会不可避免地遇到一些挫折与困难，对此，作为青少年决不能低头，而应以一种积极的心态，理智、客观地分析挫折产生的原因，并采取恰当的方法来克服挫折。应感谢挫折，生活因此而丰富，人生的体验因此而深刻，生命也因此更趋完美。不经历风雨怎么见彩虹。其实没有人能够随随便便成功，只要我们以积极健康的心态去面对困难和挫折，就可以做到"不在失败中倒下，而在挫折中奋起"。在很多时候，挫折也是人生旅途上的一块巨石，利用它，你可在砥砺精神的刀锋，开掘生命的金矿，从自信、乐观、勇敢、诚实、坚韧之中找到人生的方向。

◎越挫越勇，找到生命支点

古人云：天将降大任于斯人也，必先苦其心志。这个世界，确实存在太多问题，也许有太多不如意，但是生活还是要继续。无论面临什么样的挫折，都可以看作是上帝给予的恩赐，目的是要锻炼自己。

美国伟大的演说家爱默生曾说过："每种挫折或不利的突变，是带着同样或较大的有利的种子。"古希腊的伟大的哲学家毕达哥拉斯也曾说过："短时期的挫折比短时间的成功好。"而生活中这样的人还有很多："当代保尔"张海迪已与病魔抗争了四十五个春秋，带给了人们宝贵的精神财富和热情洋溢的笑容。在艰辛和病痛面前，他们选择了独立和坚强，选择了责任和担当。在他们看来，只要脊梁不弯，就没有扛不起的重担；只要精神不垮，就没有解不开的难题。

大家都知道 2005 年度感动中国十大人物之一的洪战辉。几年前，他的家庭遭受了重大变故：父亲突发间歇性精神病，饱受伤痛的母亲不辞而别，家中还有一个年幼的弟弟和父亲，病后捡到的遗弃女婴需要照顾……这个家庭的重担压在当时只有 12 岁的长子——洪战辉身上。十年如一日，洪战辉一边读书一边克服难以想象的困难，照看时常发病的父亲，抚养捡到的妹妹……

父亲，妹妹，生活的重担压在他稚嫩的肩膀上，惟一能做的只是坚持，再坚持！在日记中，他这样写到："我会坚持，我觉得每个人都有责任，不但对自己、对家庭，还有对社会。只是默默地走，不愿放弃。"一份责任让他支撑住，一种永不言弃的心态，让他逐渐成熟，几度面临辍学，他没有放弃，而是凭着自己的一双手，艰难的维持着妹妹的生活、父亲的疾病、自己的学业，这看似没有可能的事情被他在汗与血与泪中见证着。在生活中他承受了常人难以承受的痛苦，受住了常人难以想象的重担。

如此艰难的生活让他学会了自立、自强，以至于在人们向他伸出援助之手时，他选择了拒绝，"不接受捐款，是因为我觉得一个人自立、自强才是最重要的！苦难和痛苦的经历并不是我接受一切捐助的资本。一个人通过自己的奋斗改变自己劣势的现状才是最重要的。"

"自古雄才多磨难"，面对挫折，中学生应当拿出勇气和耐心，并对自己说："风雨中这点痛算什么？"主动出击，迎接挑战，直面挫折，笑对挫折，把挫折当作前进途中的踏脚石，然后拥抱胜利。因为挫折是福，注定为我们在岁月中搏击风浪、经历考验奠定更加坚固的基础，谱写出美好的人生之歌。

6. 逆风才能快速成长

只有流过血的手指，才能奏出世间的绝响；只有经过地狱的磨练，才能造就创造天空的力量。"烈火试真金，逆境试强者"，"那些能将我杀死的事物，会使我变得更有力"。人生是一幅美丽的画卷，磨难是画卷中不可缺少的曲线；人生是一首奇丽的小诗，坎坷是诗中引人入胜的转折；人生是一曲华美的乐章，坎坷是乐曲中不可思议的起落。坎坷铸就了生命的美丽，拼出了人生的完整。

◎**逆境可以给人奋斗的动力**

休谟说："顺境使我们的精力闲散无用，使我们感觉不到自己的力量，但是障碍却唤醒这种力量而加以运用。"世上没有一个人的人生是一路顺风的，它总是充满挫折、坎坷，而坎坷总是高高低低，起伏不定的。世上一帆风顺的事是非常少的，否则"文学家""科学家"的美名岂不轻易落到每个人的头上？

越王勾践在失败之后，卧薪尝胆，励精图治，终于打败了吴国；英国将领威灵顿接连被拿破仑打败六次，他毫不气馁，终于在滑铁卢战役中一洗前耻；伟大的发明家爱迪生，一生的失败更是不计其数，他曾为一项发明经历 8000 次失败的实验，却并不认为这是个浪费精力、时间，而这 8000 次失败使他明白这 8000 个实验是行不通的。

失败固然会给人带来痛苦，但也能使人有所收获；它既向我们指出学习中的缺点错误，又启发我们逐步走向成功。失败既是对成功的否定，也是成功的基础，正所谓"失败是成功之母"。

对于那些从逆境中走出来而最终走向成功的人来说：逆境即是赐予；而障碍，就是一个新的已知条件，只要愿意，任何一个障碍，都会成为一个超越自我的契机。在逆境中能激励人的意志，点燃你强烈进取向上的理想火花，增强你战胜困苦走出逆境的勇气；逆境是培养人才的沃土，是走向成功的阶梯，经过逆境的人才会品尝成功的甘美，才会加倍珍惜成功的现在。因此我们要学会在逆境中学习成功之道。

大凡成功者的一生不可能是一帆风顺，风平浪静的。在成功者们的背后是难以煎熬的磨难和数不清的坎坷。多少位大学者哪个不是苦尽甘来，从艰难中走出一条光明的大道。世界上没有随随便便能成功的人，侥幸得来的成功，只是昙花一现。成功是泪水和汗水浇灌的鲜花，成功是坎坷和曲折造就的奇迹。

司马迁也是饱受了巨大的精神磨难后才发愤完成了"究天人之际，通古今之变，成中家之言"的巨著——《史记》。逆境中有时正是隐含有更大的成功因素，只要你用自己的毅力和精神去应对它，那么，没有什么是永远的困难。不怕逆境，就会把不利的因素转化成为成功的种子。有时候，经历逆境，也是成大业的一种很有效果的资本。

毛泽东说过：失败是成功之母。任何成功的人在达到成功前，没有不遭过失败的，失败和痛苦是上帝和每一种生物的沟通，没有失败就没有经验。逆境能够磨练出一个人的心志和能力来。因此，在逆境中人都应该有这种想法：我正在遭受着困苦，但这不是完全的坏事，因为老天可能要把重任交给你，故意给你的磨难。有了这样的想法后，你就会从容地面对各种逆境，才能将逆境看成使自己快速成长的条件。

◎逆境可以给人奋斗的动力

有人经常说，"我为什么没有他人有本事呢？"其实在生活中，本事就是你的强项，就是从你所经历的困境总结出来的经验。无数的事实给了我们充分的证明，困难和逆境中一定会隐藏着巨大的成功因素，只是需要你去用自己的毅力和真实的行动去征服它，改变自己的处境。就能把不利的因素转化为成功的种子。

洪占辉曾说过："漫漫人生路总会与挫折碰面，但我明白，鱼儿要游弋于大海，接受惊涛骇浪的洗礼，才会有鱼跃龙门的美丽传说；雄鹰要翱翔于蓝天，接受风刀雪剑的磨砺，才能拥有叱咤风云的豪迈。"他是这么说的，也是这么做的，虽然在最最困难的时候想过退缩，但最终还是决定了要自强不息，用自己的力量来证明自己的价值。因为他明白只有经过地狱的炼造，才能造出天堂的美好。只有流血的手指，才能弹出世间的绝唱。所以说挫折是上帝的恩赐。

挫折是青少年生活中的必经之路。所以，在面对逆境时，当代青少年不应该自嗟自伤、自暴自弃，应该像导师教导我们一样，学会对自己说，没有什么大不了的，坚持奋斗，生活总会好起来的。如果广大青年朋友们都能做到，自重自尊，战胜困难，永不言弃，相信即使是空想也终将成为现实。

人生不如意者十之八九，我们面对坎坷，不能知难而退，而要勇往直前，要有"岂能尽如人意，但求无愧于心"的信念。要知道：茶入口时虽苦，可喝到最后却是不尽的清香；蝴蝶羽化前受尽唾弃，可破茧而出后却被无数人称颂；紫罗兰开花前与野草无异，可只要开放，就会把周围的空气染成淡淡的紫色。其实，人生也是这样，我们要相信，没有永恒的不幸遮蔽天空。

逆境与顺境，从来就是人生之旅中的常客，谁也不可能一帆风顺的走到生命的尽头。没有经历苦难的考验，人永远品味不出幸福生活的意义；只有经过挫折的锤炼，人才会珍惜得到的收获。害怕失败，

失败就会无处不在；挑战逆境，成功之门就会随时为你打开。所以勇敢者才能在不断的失败中获得经验，挑战者才能最终走出阴影和黑暗，拥抱光明的未来。

行船于海上，势必要面对风浪；求知于路上，势必要面对失败；生存于世上，势必要面对坎坷。遇到风浪，害怕没有用，只有冲过去才能从目的地到平静的海面；遇到失败放弃没有用，只有重整旗鼓，才能获得最后的成功；遇到坎坷，逃避没有用，只有积极对待，才能赢得胜利。

7. 在困境中寻找突破口

在漫长的人生旅途中，谁都有陷入困境的时候。有的学生从困境中走了出来，找到了光明的未来；有的学生陷入困境，自暴自弃，无法自拔。

人的一生会面对许多的挫折，需要不断地战胜自己，不断地克服困难，才能度过艰难的时期。然而，面对困惑，面对迷茫，有的人成功了，有的人失败了。

其实，成功的人只是在困境中找到了突破口，才得以冲出困境的。

◎面对困境，要有信心

一个人的心境和态度，往往会决定其一生的命运。因此，保持一颗良好的心态就显得尤为重要。只要有自信，再艰难的环境也挡不住一个人前进的步伐。面对失败，也只有那些抱有必胜信念的人才能取得成功。

一个人无论做什么事，都要有信心。有了信心，也就等于成功了一半；有了信心，才有前进的勇气与力量，从而能克服重重困难，战胜失败与挫折，最终到达成功的彼岸。梁启超说过："凡任天下大事者，不可无自信心，每处一事，既看得透彻，自信得过，则以一往无前之勇气赴之，以百折不挠之耐力持之。虽千山万岳，一时崩溃而不以为意。虽怒涛惊澜，蓦然号于脚下，而不改其容。"一个人没有信心，就什么也做不成，信心的力量是巨大的。一个有自信的人，遇到问题后，才能冷静地面对，理智地思考，对形势进行多方面的剖析，找到解决问题的突破口。

一个成功的人并不是生下来就很聪明，很能干，而是在困境中仍对未来抱有希望，对自己不失信心，不断努力，不断奋斗的结果。大发明家牛顿在上小学的时候，老师总是认为他很笨，他的同学也总是嘲笑他。但他却对自己非常有信心，他不相信自己比别人差，下决心一定要比别人做得更好。于是他发奋努力，最后终于取得了成功，发明了万有引力等，为科学做出了巨大的贡献！

当我们遇到困难的时候，应该学会剖析困难，学会寻找突破口，而不应该瞻前顾后，更不要一蹶不振。卧薪尝胆，赵括能养精蓄锐，暗藏杀机，最终反败为胜；福尔摩斯笑面疑案，运用新颖的逆向推理法破解了数百件疑难案件，赢来了前无来者后无继者数世人的崇仰。可见，困难在他们心中，并不能站住脚，就好像一个瓶子，哪怕它再坚硬、再密封，也会有瓶口；矛再利，盾再坚，也有被攻破的时候。因而只要我们固守自信，寻着了突破口，也就向成功迈近了一步。

人生如戏，有低潮也有高潮，生活也有酸甜苦辣，做任何事情都不是一帆风顺的。只有在青春的道路上，学会安抚自己，学会自强，学会在困境中突围，才会有"芝麻开花节节高"的前程。

121

◎思路决定出路

每一个青少年都会在青春之路上，遇到种种困难与挫折。不管是在学习上，还是在生活上，关键要看我们如何去面对，怎么去克服。要获得成功，就要学会勇敢地面对，就要在困难当中找方法，找出路。有思路，才会有出路；有思路，才会取得更大的发展。

相信困难是暂时的。

生活上一时陷入苦恼，感情困惑，事业起步举步维艰。虽然这些都是事实，但是这并不代表你未来的人生。你要相信，这是暂时的。而不要只停留在困境当中，你要看到突破困境之后的人生，那才是你今后要追求的人生。

当我们用智慧和勇气战胜了困难，我们就向人生的理想跨近了一步。所以生活中我们不应该过分强调压力和困惑，而要把眼光放开，看到未来，看到天下，希望总在我们心里，未来就在我们脚下！

改变思路，改变人生。

思路决定出路。青少年朋友应明白，无法改环境，却可以改变思路。有的青少年，平平庸庸，安于现状；有的青少年，为自己闯了出一片天空，出人头地。一个人的家庭背景绝不是决定因素，起决定作用的永远只有自己本身。这个时候青少年只有把自己的思维扩大，才不至于只拘泥于眼前困境中，而忽略了许多成功人士，都是在挫折与失败中成长起来的。

青少年朋友们，请放开自己的气魄，自我激励，不要局限自己的思维，开发自己的潜力，寻找一条通向成功的大道。

永远不要把眼光只停留在自己的身上，不要只看到自己的利益，这样的狭小的胸怀，注定你就是普通人，永远无法超越自己，走向自己理想的世界。

调整心态，规划人生。

当我们遇到困难，处于人生低谷时，要及时调整好心态，相信成功不是不可能的，有思路才有出路。

我们在学习中，总会有碰壁的时候，遇到难题，你有没有清晰的思路？面对多而乱的课题、难题，而你的事情又很多，你会如何对待？大多数的青少年会全身心地投入，有条不紊、高效率、高质量地完成任务，但也有极少数青少年整天发牢骚，埋怨事情多了，思维乱了，没头绪做事，时间久了，就产生厌倦情绪。其实，只要你调整好心态，整理出思路，就可以轻松而愉快地完成学习任务。

人生路上，当青少年向着正确的方向去努力，那么通过不懈地奋斗，年少的理想就一定能够实现。遇到各种各样的烦心事，甚至希望渺茫的时候，请想一想，这个世界上还不很多人需要我们帮助的人。

想到这些，青少年应该心生欣慰，也许在众多需要帮助的人中，自己是最幸运的那个。那么还有什么困难不能克服呢？

不论什么时候，青少年都要怀抱一颗感恩的心，去感激帮助过自己的人，帮助需要帮助的人，帮助别人，永远是在帮助自己！

8. 学会时刻分析自己

歌德曾经说过："一个目光敏锐，见识深刻的人，倘又能承认自己有局限性，那他离完人就不远了。"如果一个人不认识自己的缺点，很容易因自负而失败，优点可能会受到缺点的影响；只看优点，不看缺点，就会导致自己根本听不进别人的一点点的意见和批评；过分地骄傲，只退不进，甚至失去了最宝贵的尊严……

在现实生活中，每个人都有自己的长处和不足，甚至有别人所不具备的优势。这些在青少年中尤为常见，以上的任意一种心理都能在他们中间找到。所以，青少年朋友们要想克服这些心理上的障碍，必须要正确认识自己、评价自己。

◎在自省中认清自己

很久以前，有个妇人，遇事不管是事大事小爱发脾气。和邻居、朋友的关系都搞得很僵。她非常恼火，想改吧，一时又改不了，于是整日闷闷不乐。然而，越是这样她越是生气！朋友知道后，就说南山庙里的老和尚是个得道高僧，他也许可以帮你解决这个问题！

为了能早日改了这个坏毛病，妇人去找那个和尚。大师听了她的苦闷后，就把她带到了一个柴房的门口，说："施主，请进！"妇人很奇怪，但她还是硬着头皮走进了柴房！这时和尚趁机便把门给锁了，转身就走。妇人一看，怒气就不打自来了："你这个死和尚，干吗把我关在里面啊？"、"快放我出去……"和尚笑道："我现在放你出去的话，等会你就骂我是秃驴了！你还是在里面呆着吧！"

过了一个时辰，女人总算是安静下来了，于是和尚问她还在生气吗？妇人回答说："我生我自己的气，我为什么听信别人的话来这受罪呢？""连自己都不能原谅的人怎么能够原谅别人呢？"高僧拂袖而去。

一个时辰又过去了，妇人说："不气了，气也没有办法。""你的气还没有消逝，还压在心里，爆发以后仍会很剧烈。"高僧说完又离开了。

第三个时辰也过去了，妇人觉得生气不值得。高僧笑着说。"还知道什么叫不值得呀，看来心中还有衡量，还是有气根的。"

终于，大师第四次来看时，妇人抬起头说："大师，真是奇怪啊，我现在反而并不生气了，有什么好气的呢？我想明白了：气不就是自

己找罪受吗?"高僧把手中的茶水倾洒在了地上。妇人看了很久才顿悟。

就在这几个时辰当中这位妇人认真地想了一遍,彻底的分析了自己,这时她才恍然大悟。在世界上所生存的每一个人都有七情六欲,只要有感情,就会有怒气。但是,凡事都要有一个度,要有因有果。

所以,中学生朋友们,无论你遇到怎样的困难与挫折,都不要埋怨造物不公,世道不平,与其抱怨他人的不是,不如及时分析自己。其实,很多时候,困难与挫折不是由自身的原因所造成的。所以,应学会从中找原因,及时分析自己的所作所为是否正确。人总是在自我反省中认清自己。并且决定自己以后避免发生这种不该发生的事。只要你相信自己,一定会做到的。

◎**正确认识自己使你脱颖而出**

在《伊索寓言》里有这样一则故事:当年普罗米修斯在造人时,让每一个人的身上都挂两只口袋,每个人都把装着别人的缺点的口袋挂在了胸前;而那只装着自己的缺点口袋则放在了身后。结果可想而知,只要人稍微低一下头就能看见别人的缺点,而对自己的缺点却视而不见,因为他很难看到。有位名人曾说:"人本身就是带着缺点降临到这个世界上的,人生的过程就是在不断改掉缺点、完善自己的过程。因此,敢于挖掘和暴露自己的缺点是非常有必要的。"

经过几天的努力,李泽终于在人才市场找到了一份自认为还不错的工作,并和用人单位约定了面试的时间。面试开始时,李泽排在30个面试人员的第29位,而名额只有一个。当时的李泽默默地等着,眼看一个又一个满面春光地从老总的办公室走出来,羡慕的不得了。终于轮到李泽了,高兴的无以言语。"你好"老总首先打开了沉默、无比压抑的场面,于是李泽连忙说"谢谢",问话就这样开始了。"你知

道你应聘的是什么职位吗？"李泽微笑道："销售部经理。"紧接着老总又问道："'你对一瓶白开水当一瓶高档次饮料卖'这句话有什么不同意见吗？这些问题对做过销售的李泽简直是轻轻点水，李泽虽然回答的很全面、详细，但仍没有看到老总对自己的赞赏。突然，老总问了一个书话题："你的缺点是什么？"对于李泽来说，确实有点玄乎，老总怎么会问这么一个问题呢？他该说什么好呢？这时他便想：唉，反正是没有什么希望了，想到什么就说什么吧。便脱口而出："我很清高，不会吹牛拍马，常常目无领导，爱发牢骚，做人过于死板，常与世绝迹，显得很是格格不入……但是有一点，这些缺点都是别人告诉我的。到如今，除了不爱做家务外，我不太明白还有什么更大的缺点。说句真话，有的时候连我也说不清楚。"听完李泽的一番话后，老总露出了笑脸，频频点头："其实，一个人要想找他人的缺点很容易，但是找自己的缺点却不是那么容易。有的时候别人认为是缺点的往往是你身上最大的优点，而有时候自己认为是优点往往是最大的缺点，仁者见仁，智者见智。李先生，你很实在，也很坦诚，我们公司就要需要像你这样的优秀人才呀，欢迎你加入我们公司。"李泽怎么也想不到，他竟然成了 30 位面试中惟一的幸运儿，他被聘用了。

　　无数事实告诉了我们，要想发现自己的缺点，就必须进行深刻地自我剖析，只有这样你才能在同等阶层中脱颖而出。尤其是当代中学生朋友们，因为此时的你们正处于心理完善、处事待物最重要的阶段。做到正确地自我剖析，不止是简单地找出优点、缺点，更重要的是要把自我剖析的"手术刀"滑向心灵的深处，对心灵进行一次大规模地追问：我的缺点是什么？它跑到哪里去了？明天的我将如何去努力改正这些不足？

　　中学生作为 21 世纪新生的太阳，更要了解自己的性格优势与不

足。要学会扬长避短，以此来增加自己的自信心。正确认识自己，就要以全面的、发展的眼光来看待自己，只有这样，才能完成自己的目标，自己的事业……

　　青少年朋友们，你认识自己吗？当你听到这个问题时是不是感到很吃惊？不禁反问，谁能不认识自己呢？答案是肯定的，你相信吗？确实有人不认识自己，一个人不光要认识自己的外表，还应该认识自己的心理（能力、个性、兴趣等等）。这才是真正能让你自己健康成长的前提，假如一个人连自己的能力，水平都不能做到了如指掌，那又何谈奋发向上，实现自己伟大的理想呢？

第二节　心向阳光　微笑生活

1. 走出心中的城堡

青春之路充满迷惘和忧伤，当学习成绩一团糟糕的时候，当生活举步维艰的时候，当失败接踵而至的时候，当烦恼挥之不去的时候，当苦痛无法排遣的时候，心中的"城堡"便悄悄垒起，迷路的你再也走不出来。

然而，在这个世界上，却有一支奇妙的短笛可以奏响动听的音乐，让你豁然开朗，只要你善于聆听，学习成绩就会峰回路转，生活就会柳暗花明，成功就会悄然光顾，烦恼就会一扫而光，苦痛就会烟消云散，心中的城堡便会轰然倒塌！

◎"城堡"从何而来，内心为何迷茫

心理现象曾被恩格斯称为"地球上最美丽的花朵"，但进入 21 世纪，青少年的心中却多了一座难以摧毁的"城堡"。有近 30% 的学生有不同程度的心理问题：任性、偏激、冷漠、孤独、自私、嫉妒、自卑等。青少年由于病态心理而导致心理与行为上的偏差，甚至违法犯罪的现象时有发生。正处于青春花季的少男少女们，为什么会有那么多的心理症状，会有那么多人产生了"自杀"的念头？先来看看这个年龄段青少年的一些共性吧：他们出生在日新月异的信息时代；他们绝大多数是独生子女；他们承载着全家人的希望；他们有优越的生活环境；他们的成长与互联网息息相关；他们个性鲜明，对新事物有强烈的好奇心。五光十色的社会在他们面前闪烁，形形色色的压力也与他们如影随形。他们一路走一路张望，在彷徨失措的时候，他们需要更多的人给予指导、帮助和理解。在物质丰富的今天，他们更需要人们对其内心世界的关怀。

青少年心中何来"城堡"，心里又为何迷茫呢？

社会上有许多负面的影响，对于青少年造成的冲击很大。拜金主义、享乐主义等思想在社会上蔓延，渲染色情和暴力的书刊、音像制品充斥文化市场，封建迷信等社会丑恶现象屡禁不止等，严重侵害了青少年的身心健康。此外，遍布各个角落的游戏厅、台球厅等更是成为了诱发青少年心理问题的温床。

家庭是孩子的第一课堂，家长是孩子的第一任老师，家教与家风对孩子的心理及行为有着潜移默化的影响。孩子的成长环境先天不良，缺乏父爱或母爱是导致青少年产生心理问题的第一诱因。教育方法不当也严重影响着孩子的健康成长："溺爱型"的家庭教育往往使孩子养成好逸恶劳、贪图享乐、自私自利、专横霸道的恶习；"高压型"的家庭极易造成孩子的人格自卑和逆反心理；"放任型"的家庭教育，极易造成孩子的性格孤僻、冷漠。此外，父母的不良行为也对孩子有很大的影响，有的家长根本不能做好榜样，本身就品德低劣，作风不正，对孩子所造成的影响是可想而知的。

由于种种原因，在学校的教育工作中还存在一些弊端。片面追求升学率；重智育，轻德育、体育、美育；重课内教学，轻课外教育；重尖子生，轻后进生。致使学校生活单调、乏味，许多学生对学习生活感到枯燥，心理恐慌，信心不足。另外，一些教师忽视学生身心特点，教育学生采用不当的方法，对学生体罚、心罚，损伤学生的自尊

心，使不少学生产生偏激、自卑的心理。有些后进生，被教师所嫌弃，失去上进心而自暴自弃。

青少年时期，尤其是初中阶段，正是学生的"心理危险期"。在这个时期，青少年生理上迅速发育，造成生理和心理之间的平衡及心理诸因素之间的平衡被打破，致使青少年生理"早熟"与心理"晚熟"的反差越来越大；青少年思维的独立性、批判性有了显著的发展，但又有片面性和主观性；青少年精力旺盛，感情丰富，但又带有冲动性，也容易产生心理问题。而对于这种悄悄到来的变化，青少年自身没有思想准备，家长、老师也往往缺乏充分认识，不能及时地采取措施，帮助孩子渡过这个阶段，致使这一时期成为心理问题的多发时期。

◎奏响短笛，走出误区

青春是一道独特的风景，在成长的路上，只有青春才是最美丽的，它那么绚烂多彩。然而，这样美好的时光中，成长的伤痛和迷茫也接踵而至，让青少年不知所措，心中的城堡越筑越高，最终压得他们无法喘息。

奏响青春的短笛，你便能走出误区。也许城堡正虚掩着，需要你赋予自己力量和胆魄，果断地把它推开；也许城堡与众不同，需要你赋予自己方法和技巧，换一种方式把它打开；也许城堡正被烟锁雾笼，需要你赋予自己多一些时间和耐心，等到天朗气清后打开；也许城堡敞开在另一条路上，需要你赋予自己智慧和眼光，及时改变自己行进的方向才能打开；也许城堡已经被我们悄然错过，需要你赋予自己敏锐的洞察和清醒的感知，果断地重走回头路，才能把它打开。城堡并不可怕，怕的是你不成熟的心不足以给予你足够的勇气。

青春之路虽短暂却不平坦，一帆风顺的路途固然令人向往，但缺少了起伏与坎坷，这样的路底蕴不会厚重；直视无碍的景致固然一览无遗，但缺少了曲折与回环，这样的景致难以荡气回肠。作为新时代的青少年，没有必要畏惧生活的艰险，也没有必要害怕人生的失败，或许这就是生活对我们的砥砺，或许这也是生活对你的锤炼。然后，艰难困苦，玉汝于成。你要始终记住，只要你不放弃自己，城堡总会走出去，而过去的一切，在你出城后，都会成为你精神背囊里最宝贵的财富。

既然青春之路是那么的多姿多彩，那就发挥你无穷的潜力去奏响这支神奇的短笛吧！找到一个解题的角度，知识会帮你走出这座城堡；结识一个知心朋友，友情会让你走出这座城堡；抓住一个即将擦肩而过的机遇，学习会让你走出这座城堡；发现一种快乐的生活方式，情趣会为陪我们走出这座城堡；适时地恭维对手，谦逊会带你走出这座城堡；乐观地帮助别人，爱心会与你一起走出这座城堡。走出城堡就是走出了心理的误区，这样不仅会感到愉快的心情，也会最终抵达成功的彼岸。

只要奏响青春短笛，雄鹰便没有飞不过的高山，水手便没有征服不了的江河，同样，生活中，也不会有你走不出去的城堡。其实，从你奏响青春短笛的那一瞬开始，从你追求理想的那一刻起，成功就已经等候在你行进的路途上，它不会背离你，也不会丢弃你，它坚贞不渝地等着你，只不过有时候，你需要多付出一些耐心和艰辛罢了。

只要对生活永远心存希望，这个世界上，便有一支青春短笛等待你去奏响，带你走出心中的城堡。

2. 埋葬你的过去

过去的一切都已成为故事，昨天都已成为过去，让昨天随风飘散，

识时务者为俊杰，挥别过去才能攀越巅峰；过去已成为历史，把历史摔到身后，才能去开创更灿烂辉煌的明天。放弃过去跨越征程才能感悟更精彩的明天；跨越征程，每天都是精彩的，都是新的，每天的阳光都是新的，都是灿烂的。

◎ 塑造自我，由心境开始

当往日阴影笼罩生命，别让它成为你前进的绊脚石，别让它因此影响了你的心情，把它甩在背后，让它随风飘散。覆水难收，当一切成为必然，漫漫人生征程不可逆转，生命中有过失败和伤痛，那只是过去历史的演绎，若沉湎其中，只是一种悲哀，人一辈子不可能只停滞在昨天。

贾平凹先生曾经写过一篇叫"舍得"的文章。在平凹先生看来人活在这个世界上也就是一种得与失的过程而已。会活的人或者说是取得一定成功的人，其实也就是懂得了两个字而已：舍得。不舍不得，小舍小得，大舍大得。由此可见，平凹先生的确是一个悟透了人生其中的奥妙玄机的人。

其实"舍得"二字蕴藏囊括了人生所有的真知。然而并非所有的人都会舍弃那些应该舍弃的东西，哪怕是记忆中最残酷和令人最受煎熬的东西。当然，不可否认，过去的一切的却是我们人生征程中的一笔财富，然而与其对过去的一切念念不忘，不如把这些记忆的埋藏在起来，重新开始，那岂不是一种更好的选择？

曾经有这样一则故事：疾驶的火车上有位老人不小心从窗口掉出去了一只鞋子，于是他就毫不犹豫的将另外的一只鞋子从窗口扔了出去，人们很不解，老人说，那双鞋不管它有多么的昂贵，但对于我来说它已经失去了它的作用，可是对于捡到这双鞋的人就不一样，我与其留一只无用的鞋，不如放弃，成就别人！

从老人身上看到了睿智，世间任何事物都具有两面性。忧伤与欢乐，得到与失去，看起来互相对立，实则却是互相关联。曾经一度认为放弃是一种对过去的背叛，是一种消极麻木的生活态度。可是当读了老人的故事后，恍然大悟，放弃牵强和过多的奢望，或许得到的便是另外的一种境界。"往者已矣，来者只可追"，有时选择放弃也是一种智慧。

对生活中的梦想与追求是一件轻松惬意之事，这本是最应该需要记住的，然而恰恰却被许多人遗忘了。记得《东邪西毒》里有一句值得耐人回味的台词：人最大的烦恼就是记性太好，如果什么都可以忘掉，那么以后的每一天都将会是一个新的开始。

是的，人生在世，的却就是一个舍与得的过程，这个过程是美丽的也是残酷的，就看我们如何去看待这个过程而已。想要让自己快乐，想要自己去成就一番事业，那么青少年就应该选择一种淡然的心境，学会舍与得，学会放弃把你的昨天和过去隐埋，让它随风飘散。

◎青春只有今天和明天

失意之时莫要失志，每天的阳光都是新鲜的，给自己一份阳光的心情。学会懂得有的放矢，无的得矢；锲而不舍与锲而舍之。放下昨日和过去让一切随风飘散，给昨天和过去划上一个句号，展望明天的阳光，用心境去为明天铺垫，写下一首生命的凯歌。

昨天已于昨夜结束

生命只有今天和明天，昨天已经结束，别让今天为昨天买单，有种幸福叫做忘记，忘记之后才是豁达的人生。时时清理记忆的抽屉，明天的阳光才会是新鲜的。明天的征程才会轻松。

太阳每天都是新的

你还在沉溺与昨日的烦恼或者荣誉之中吗？你还在背负着沉重的

包袱迟迟裹足不前吗？你还在一直认为昨日的挫折就是彻底的失败吗？假如这些想法一直在你的脑海中挥之不去，那么朋友你真的是要把自己葬送了。忘记昨天，把它隐藏，因为那并不代表你的现在和将来，放弃该放弃的，从头再来。因为每天阳光都是新的，每天的都是一个艳阳天。

给自己一片阳光

你的成功只在你未来的旅程之中，前方的风景才是最美丽的，放下自己肩上的包袱，轻装上阵，用一个崭新的自我去走人生征程为自己踩出一条幸福的人生道路。每天给自己一片阳光，把过去和昨天遗忘，用绿茶般的心境潇洒去走自己的人生路。

人生本来就是一个不断重新开始的过程，新的开始，也就是新的希望，一片灿烂的新空。今天既是一个结束又是一个开始，昨天成与败都好，都可以重新开始，重新开始我们的人生。不停地反复着，不断地努力着，重新开始自己的人生。不断地努力进取，完善着我们的人生。

青少年的成长之路坎坷曲折，有过成功，有过失败；有过欢笑，有过痛苦；有过暴风骤雨的摧残，有过艳阳高照的沐浴；埋藏你的过去，让你的明天更精彩，阳光更灿烂。

3. 人生路上的自信

风儿吹响出自信的乐曲，雨儿淋过了自信的胸膛，阳光照亮了我们那颗自信的心！社会不帮助自卑之人，上帝只让自信之人看见成功的顶峰。自信是人生最珍贵的品质之一，是获得人生成功和幸福的最为重要的一种心态。

美国著名的成功学奠基人和励志导师罗杰·马尔腾说："你成就的大小，往往不会超出你的信心的大小。不热烈地坚强地希求成功，期待成功，而能取得成功的，天下绝无此理。成功的先决条件就是自信——缺乏自信，就会大大减弱自己的生命力。"

◎**手握自信，它就是锦囊**

自信是一缕和煦的春风，是一丝动人的微笑，是一片明朗的天空。自信让我们变得干练、成熟，自信使我们的脚步变得坚实稳健。一个不屈不挠的人，自信在心中必坚韧地站立着，站成精神上的钢浇铁铸的脊梁，站成一幅永不凋谢的风景。

有一位女歌手，在第一次登台演出之前，心里十分紧张。想到马下就要面对着数千名观众，她的手心里已开始冒汗，她在心里想：要是在台上一紧张，忘记歌词了怎么办？越想她的心里就越慌，一慌就显得六神无主，甚至有了打退堂鼓的念头。

就在她不知所措的时候，有一位前辈走过来，给了她一个小纸条，并且告诉她说："不要怕，这纸条上面写的有歌词，如果忘记的话，就打开来看。"她很感激地望着前辈，握着这张纸条就上了台。也许有那张纸条在手中，她的心里踏实了许多，在台上，她发挥的相当好，而且赢得了观众的热烈掌声。

她高兴地走下台，向那位前辈致谢。前辈却笑着说："是你自己战胜了自己，找回了自信。其实，我给你的，是一张白纸，上面根本没有写什么歌词！"她展开手心里的纸条，果然上面什么也没写。女歌手一脸惊讶，自己就握着一张纸条，竟顺利地演出成功。

前辈接着说："你握住不是一张白纸，而是你的自信哪！"

女歌手非常感谢前辈的指点，在以后的人生道路上，她就凭着把握自信的勇气，战胜了路途中的一个又一个困难，取得了一次又一次

的成功。

这个女歌手的故事告诉我们，手握自信就可以战胜人生中最大的敌人——自己。战胜了自己，拥有了自信，你就让自己开启了五彩的生活。青少年朋友们要谨记：自信是人生路上的第一个锦囊。带着这个锦囊上路，路上再多的风雨你都可以穿越。

自信是人生坐标系上的原点，处境极其微妙，前进抑或后退，就在一念之间。具备自信就是具备了开拓进取的基础和条件，因为有了自信，就有了创造精神和创新意识。十分成功中有五分属于自信。成功是船，自信是帆；成功是高山，自信是登山的小阶；成功是远方的路标，自信是脚下的跋涉。

自信是愚公移山的信念，是精卫填海的毅力，是夸父追日的追求。自信不是神话，但神话中的愚公、精卫却树起了一杆自信旗帜，飘扬在历史的岁月中，让代代传诵自信的力量。

◎ 自信是战胜一切的力量

自信可以战胜一切的坎坷，自信心是比金钱、实力、家世、亲友更有用的要素，它是人生最可靠的资本，它能使人克服困难，排除障碍，不怕冒险。遂于事业的成功，它比什么东西都更有效。

一个人可以给予自己很高的估价，而自信处处能助他取得胜利。在他从事事业的过程中，"气"已被表现，即使刚刚开始，他也已取得一定的胜利了。那一切自卑、自抑、阻止人类进步的障碍，在这种自信坚强的人面前，就完全旁落他处。

世界著名的交响乐指挥家小泽征尔，在一次世界优秀指挥家大赛的决赛中，他用按照评委们给出的乐谱开始指挥演奏，可是，一开始他就敏锐的发现了演奏中出现了错误。于是，他请求停下来重新开始，可是，还是感觉不正确，他认为乐谱存在着问题。

这时，在场的作曲家和评委会的所有权威人士都坚持说乐谱没有错，是他错了。面对一大批音乐权威人士，他思考再三，最后斩钉截铁地大声说："不！一定是乐谱错了！"话刚落音，评委席上的评委立即站起，报以最热烈的掌声给他，祝贺他大赛夺冠。

原来，这是评委们精心设计的"圈套"，以此来检验指挥家在发现乐谱错误并遭到权威人士"否定"的情况下，能否坚持自己的正确主张。前两位参加决赛的指挥家虽然也发现了错误，但终因随声附和权威们的意见而被淘汰。

小泽征尔却因充满自信，而摘取了世界指挥家大赛的桂冠。小泽征尔因为坚信是乐谱有错，而夺得桂冠，所以这不是在告诉人们，相信别人，不如先自信，再聪明，再厉害的人也有出错之时。自信往往是战胜一切的力量！

相信在学习的过程中，青少年朋友也有过和小泽征尔类似的情况。比如：你对一个问题有自己独特的观点，老师却说你的观点不正确。面对老师的"资深"，你就按照他的思路往下走了。其实，这种情况对于正在接受新知识的青少年来说，是一个不好的趋向。这时候，你可以多去求教几位老师，多听听其他老师的观点，多作比较，然后再确定自己的观点是对是错。

所以，青少年朋友不要一味地相信老师、相信同学、相信家长的观点，你完全可以有自己的见解。当然，这也并不是说你要脱离大家而一意孤行，在怀疑的前提下去和老师、同学或者家长一起去讨论，得出自己的见解，这才会让自己进步的更快。

4. 从泪水中学会微笑

对于成长之路，人们有很多形象的比喻。有人说成长的过程就像

剥洋葱，一层层地剥开，终有一片会让你落泪，也有人说，成长是由无数烦恼组成的念珠，但需要我们微笑着把它数完。更有人说愁眉苦脸地成长，成长的旅途必然淌满泪水，而爽朗乐观地成长，成长的历程必将笑容满面。成长，就是从泪水中学会微笑的过程！

◎ **流泪代表着懦弱，微笑意味着坚强**

每个人的成长过程，都在高潮与低潮的轮回中沉浮，在四季循环往复之中，成长包含着酸甜苦辣，在成长的路上也许我们曾经泪流满面，也曾经笑若桃花。既然艰辛与挫折无法逃避，困难与挑战无可避免，何不笑对成长之种种呢？殊不知，消极的流泪代表懦弱，积极的微笑才意味坚强！

一位哲人在面对秋天瑟瑟飘零的落叶时大笑道："它不是凋零，不是陨落，它是胜利者的凯旋。"哲人不仅有笑对叶逝的明朗心境，还有更换心态看待事物的勇气。花中有刺与刺中有花不仅顺序有异，也有积极与消极之分，前者是泪洒消极，后者则是笑对积极。

泪水是阴霾，压抑沉闷，而微笑是阳光，温暖明媚；泪水是乌云，厚重阴沉，微笑是清风，凉爽怡人；泪水是洪水，泛滥成灾，微笑是甘露，滋润心灵；泪水是雷雨，让人沉湎于惊恐和畏惧之中，久久无法自拔以至于懦弱到不堪一击，而微笑是溪流，让人在激越和跌宕之后，越发坚强，最后得以感受汇入大海时的波澜壮阔。成长教会你泪水中学会微笑，与懦弱中体味坚强。微笑存在于一种经历风雨才见彩虹的信仰中，存在于一种海纳百川，有容乃大的宽容中，存在于一蓑风雨任平生的坦然中。泪水中依然美丽的微笑充盈着满足，挥洒着温馨，困境里爽朗的笑容是经历漫长的黑夜，朝霞托出的黎明，懦弱里坚强的面容是万物复苏，生机勃勃之时，冰雪的悄然解冻。

在泪水中学会微笑，可以让你从容面对成长的坎坷，可以驱散少年的阴霾，化干戈为玉帛。可以增强信心，激发斗志，斧正思想，润清灵魂。古今中外，微笑诠释着一切美好，蒙娜丽莎的微笑散发着魅力，梵高的微笑交织着执著，莎士比亚的微笑充盈着博大深邃；狄更斯的微笑深含着内蕴和高远。他们也曾遭遇过成长的痛苦和折磨，既有生活的困窘，有创作的彷徨，也有思想和作品不被人接受的无奈……然而，他们最终在泪水中，不仅学会了隐忍的微笑，也学会了坚强与勇敢。

成长是一条艰辛的路，是一段艰难的旅程，泪中带笑需要一颗坚强的心。早晨的微笑预示着有美好一天的开始，你的激情会因此而涌起，热情地投入到今天的奋斗之中；中午的微笑是对继续前进的加油蓄注，奋斗在海面上的悠悠远航再接再厉；晚上的微笑是收获了一天的满足，是对自己的肯定，是为踏上新的征程积蓄力量。年少的你有泪不轻弹，不必抱怨学习中太多的压力，微笑会将所有的压力化为通往成功的铺路石，也不必担心前进有道路上太多的困难，微笑会让你看清这一切荆棘只不过是披着狼皮的羊，更不必责备上天的不测风云与旦夕祸福，微笑看待这天将降大任于斯人的准备。流泪是懦弱的表现，微笑是坚强的象征，成长之路上，再大的困难也要擦干泪水昂首阔步，再多的挫折也要用微笑串起一道道美丽的音符！

◎用微笑把泪水埋葬

微笑是世界上永不凋零的一种花朵，不分四季，不分南北，它会在困境之中顽强地绽放。用微笑把成长中的泪水埋葬，即使你饥寒交迫，也能感到人间的温暖；即使走入绝境，你也会重新看到生活的希望；即使孤苦无依，你也能获得心灵的慰藉。笑一笑，十年少。微笑可以化解苦难，给你成长的勇气，永远微笑的人是快乐的，永远微笑的面孔是年轻的，用微笑埋葬泪水，犹如挥洒阳光清洗泥泞，普照大地，给万物增辉。

有一个寓意深刻的故事：有一年冬天，父亲到院子找柴火，发现自家培育多年的准备建房用的大树竟然毫无生气，叶子也掉光了。他以为自己多年的心血全没了，便失声痛哭并砍断了枝丫。儿子却笑着说，明年春天，它肯定能再长起来的，并辛勤地护理起残存的树桩来。第二年春天，枯树上真的意外地萌发一圈嫩芽，它居然活了下来！

成长的路上，我们也会面临失望以及遗憾，或曾流泪沮丧，又或笑融冰雪。但要始终铭记住，用微笑便能埋葬泪水，收获新的希望。对一切事物都要在笑容里充满信心，不要闷闷不乐时就放声痛哭，也不要在情绪低谷里掩面而泣，坚强的微笑后面总是晴天。毕竟，冬天到了，春天还会远吗？笑对成长的苦与忧，相信生命的枝头不久就会萌发新芽！

有人曾这样说过："人，不能陷在痛苦的泥潭里不能自拔。遇到可能改变的现实，我们要向最好处努力；遇到不可能改变的现实，不管让人多么痛苦不堪，我们都要勇敢面对，用微笑把痛苦埋葬。有时候，生比死需要更大的勇气与魄力。"用微笑埋葬泪水，便能在成长的旅途中感受到清风抚摸树林的温暖，夕阳燃烧天空的炽热，浪花冲刷礁石的激情……泪光闪闪之中若含盈盈笑容，便是快乐的诠释，幸福的真谛，温暖的意义，更是坚强的象征。

在成长中，要学会拥有阳光雨露，鸟语花香，在生活中夹杂着欢乐喜悦，烦恼忧伤，成长是化茧成蝶，破蛹而出的过程，虽有难挨的煎熬和难耐的疼痛，但纵览全局，却总是美丽动人的，不是成长旅途困境重重，不是前进路上荆棘密布，只是很多人知道眼泪中也可以含有微笑。

因此青少年在面对成长，无论是失意沉沦还是挫折苦痛，不论是阴云密布还是雷电交加，都要擦干泪水，换上笑容，这样，你就会多一份自信，少一份失望，并可赞之为乐观，多一份勇气，少一份怯懦，亦能称之为坚强。当眼中有泪的时候，记得敞开你的胸怀，打开你的心灵，看看这个纷繁多姿的花花世界。扬起你的嘴角，便能把泪水随痛苦一起埋葬，放飞你的希望，便能让笑容如花儿一般绽放！

5. 用热情拥抱生活

青少年是如何走向走出困顿，迈向新生活的？从成功者的实践看，一个人的成功，与其倾注的热情有很大关系。

◎成功是屡遭挫折而热情不减

热情是成功者的一个重要特质。说是特质，是说把热情作为区别成功者与非成功者的一记标志。被誉为"世界第一CEO"的杰克·韦尔奇在他20年的任期内把美国通用电气集团带入了辉煌。一本关于他的成长与成功的自传是韦尔奇退休前的最后一个大动作。他的自传在他动笔之前就被时代华纳公司以700万美元的天价竞标购得它的北美版权，超过了历史上的所有自传。韦尔奇在书中回顾了他的一生，介绍他的管理思想和经验。在书的结尾提出了作为CEO的20多条经验总结，这些都是心血的凝结。他认为"成功者共有的一个品质就是他们比别人更有激情，极大的热情能够一美遮百丑，激情不是浮夸张扬，而是某种内心世界的东西。"由此可以看出，热情对于人们成功的推动作用是不言而喻的。

生活就像犹如一盆冷水，沐浴在冷水的我们往往会体会到生活的冷漠。

同学之间不以真诚相待。

同事之间的勾心斗角。

朋友之间有困难却不愿出手帮忙。

人与人之间像是隔了一层膜，事态炎凉的感慨万千一触即发。于是，我们便会被生活这盆冷水一泼，从头凉到地。但生活的路在我们的脚下，选择怎样的生活在于我们的态度。我们虽无法改变我们的生存环境，但我们却有能力创造自己的生活格式，从而营造身边的生活环境。

当你眼睛没有变的像太阳一样亮时，你就看不到阳光，当你的心没有敞开像天空一样宽时，你就看不到白云。所以，当你以热情的态度面对生活时，你的生活才会以热情对待你。

如果你想成功，你就应该对你的工作，你的生活和你的朋友都充满热情。没有热情是不可能成功的。

◎挫折足以燃起一个人的热情

拿破仑·希尔曾经说过：如果你有一颗热情的心，那么毫无疑问，现实将会给你带来奇迹。

他回忆说，一次，在一个浓雾之夜，他和他的母亲从美国新泽西州出发，乘船渡江驶往纽约的时候，母亲看着滔滔江水，喜气洋洋地说："这是多么惊心动魄的情景啊！"

"有什么出奇的事情呢？"拿破仑·希尔不解地问。

拿破仑的母亲虽然年岁很大了，但她的声音里依旧充满了热情："你看，那浓雾，那船工的号子，那船只四周若隐若现的光芒，还有消失在雾中的风帆，这一切多么动人而美好，多么令人不可思议啊！"

当时，或许是被母亲的热情所感染，拿破仑·希尔也被那厚厚的白雾，那远处若隐若现的船只所吸引。他说，那一刻，自己那一颗一向迟钝的心，似乎突然得到了滋润，它开始渗透出一种新鲜的血液。

从此他对于世界多了一颗探索之心和一种热爱之情。他感受到了人间万物的壮美景象。

母亲注视着拿破仑·希尔，微笑着说："亲爱的儿子，一直以来，我从来都没有放弃过给你各种人生忠告。不过，无论以前的忠告你接受与否，但这一刻的话语，你一定要永远牢记。那就是：世界从来就有美丽和幸福的存在，她本身就是如此迷人，令人神往，所以，你自己必须对它拥有不倦的热情。这是你一生幸福的保证。"拿破仑·希尔一直牢牢记住母亲的这些话，而且努力体会、感受世界，始终让自己保持着一颗充满热情的心。这使他不论在怎样的环境下，始终具有积极向上的力量和勇气。

在人的一生当中，有许许多多成功的机会，为你发挥自己的潜力提供了可能，而内心中是否始终充满热情，往往成为成功者与失败者之间的"分水岭"——那些意气风发的成功人士，必定都具有"热情"的品质。热情，一方面是一种自发的素质，能使你始终保持自身的活力与斗志，同时，它又是一种珍贵的能源，能帮助你集中全身力量，投身于某一事业或工作中，并获得巨大的驱动力。

美国文学家 R·W 爱默生曾写道："人要是没有热情是干不成大事业的。"大诗人 S·乌尔曼也说过："年年岁岁只在你的额上留下皱纹，但你在生活中如果缺少热情，你的心灵就将布满皱纹了。"

人们有了热情，就能把额外的工作视作机遇，就能把陌生人变成朋友；就能真诚地宽容别人；就能爱上自己的工作，不论他是什么头衔，或有多少权力和报酬。人们有了热情，就能充分利用余暇来完成自己的兴趣爱好，如一位领导可成为出色的画家，一个普通职工也可成为一名优秀的手工艺者。

人只要有了热情，就会变得心胸宽广，抛弃怨恨，就会变得轻松

愉快，甚至忘记病痛，当然还将消除心灵上的一切皱纹。

不管何时何地，你都要保持高度热诚，最好现在就开始。

如果能将它转化为生活的态度，你会发现自己的生活观念比以前更为积极，活得也更加快乐。

"热诚"的英文字源来自于希腊文，意思是"上帝与我常在"。请你务必时时以热诚来面对生活中所有的事，能够让别人看得到你发自内心的美。此刻起，开始和朋友分享你的热诚。

热情是心中的一支火炬，当它熄灭了，我们便不再相信真、善、美和奇迹，我们便陷入万劫不复的黑暗境地。艺术落入俗套，文学味同嚼蜡，我们的面孔，也因麻木而失去光彩。

重新燃起我们的热情吧，拿出重新入世的精神，向麻木和虚伪、向着惰性和谎言作斗争。重新塑造一个全新自我，这就是我们要做的。

世界上最糟糕的事莫过于人类丧失了他的热情，只要保持热情，即便失去一切，也会东山再起。如果我们每天都能充满热情，不但自己受益，还可以使周围的人和我们一样过着积极而快乐的生活！何乐而不为呢？

6. 保持乐观的心态

心态决定一切，心态好了看着什么都顺眼，做起什么事都顺心。比如学习，心态的好坏直接关系到学习的最终结果的好坏。就如法国著名作家拉伯雷所说的："生活是一面镜子，你对它笑，它也会对你笑；你对它哭，它也会对你哭。"如果每天都能保持乐观的心态，那么，每天的生活都是快乐和充实的。

◎乐观的心态是为人处事的需要

当你看到只有半杯的咖啡时，你会怎么想呢？你会说"我还有半杯咖啡",还是会说"我只有半杯咖啡"。"还有""只有"仅一字之差,但表现出的却是完全不同的人生态度,一个是积极乐观,一个是消极悲观,而注定的结果就是一个成功,一个失败。在人的一生中,成功之路也不是畅通无阻,难免会遇到一些挫折,面对挫折和困难,心态积极、乐观向上的人会接受挑战、应对挫折,无论做什么事都会以愉悦的心情对待,自然就有成功的机会,也可以说已经成功了一半;而消极悲观的人,总是怨天尤人、夸大困难,结果只能是碌碌无为,从而使自己的人生路走向下坡,掉进失败的深渊。

乐观者因积极的心态,所以总是可以保持清醒的头脑,在危难中找到转机;悲观的人即使给了他机会,他的眼里也只看得到危难。

有一个美国女孩,在她小时候因一次意外,眼睛受了重伤,最终导致双目失明,但庆幸的是通过手术,她还能通过左眼角的小缝隙来看这个世界。面对生活给予的"礼物",上帝赋予自己的残缺的身体,她没有因此而悲观,不仅接受了现在的自己,而且更加坚定了活下去、要活得更好的信念。她很喜欢和小朋友们一起玩跳房子的游戏,为解决眼睛看不到记号的问题,只有努力把每个角落都记在脑子里,然后快乐的像个正常人一样。凭借着一股韧劲,她曾到一个乡村里教过书,在教书之余,她还在妇女俱乐部做演讲,到电视台里做谈话节目。双目的缺陷并没有影响她的人生,相反,她以积极乐观的态度、努力奋斗的毅力获得了明尼苏达大学的文学学士及哥伦比亚大学的文学硕士。她所著的自传体小说《我想看》在美国轰动一时,成为畅销名著,激励了无数人的斗志。她就是波基尔多·连尔,她曾这样说:"其实在内心深处,我对变成全盲始终有着一种不能言语的恐惧感,但我也深知,这种恐惧不会给我带来一点益处,我只有以一种乐观的心态去面对这一切,激励自己,才能最大效的改变现状。"也正是她这种乐观

的心态，不仅成就了她辉煌的人生，也使她在 52 岁时，经过两次手术，获得了高于以前 40 倍的视力，又一次看到美丽绚烂的世界。

人们总是认为，一个人的成功依赖于某种天分或某种优越的条件，但青少年却从波基尔多·连尔的身上看到，积极乐观心态所带来的力量。试想，如果她在失明后自暴自弃，终日活在对老天不公平的抱怨中，还怎么去支配和控制自己的人生，又怎么能拿出勇气去克服困难，面对更残酷的命运。

随着信息时代的来临，社会的竞争也越来越激烈，对于肩负使命的青少年来说，也将要面对更多的压力与挫折，用怎样的态度去对待生活也决定了日后会有怎样的未来。其实，困难就像弹簧，你强它就弱，你弱它就强，生活中很多失败，并不是因为我们能力不行，而是给了自己的悲观。所以说困难并不可怕，只要你能乐观的看待所面临的一切，你就能站在巨人的肩膀上，获得比顺境更为强大的力量，看得更高走的更远。

◎ 如何保持乐观的心态

渴望人生的愉悦，追求人生的快乐，是人的天性，每个人都希望自己的人生是快乐、充满欢声笑语的。快乐是一种积极的处世态度，是以宽容、接纳、愉悦的心态去看待周边的世界。月有阴晴圆缺，人有悲欢离合。生活也是由哭与笑、风雨和彩虹、成功与失败组成的。而乐观与悲观，就像是阳光与阴影存在于我们的生活中，如何拥有乐观的心态，每天微笑的迎接风雨和彩虹，面对现实，面对困难和挫折，是青少年掌握人生命运所必须具备的心态之一。

面对现实，以及面临生存的竞争，怎么怎样才能使自己的心理保持乐观的心态，使乐观成为不可或缺的维他命，来滋养自己的生命呢？

对于每一位青少年来说，乐观两个字都是说起来容易但做起来难。

英国思想家伯特兰·罗素曾说过："人类各种各样的不快乐，一部分是根源于外在社会环境，一部分根源于内在的个人心理。"也就是说悲观随处可以找到，但要做到乐观就需要智慧，必须付出努力、敢于面对现实，才能使自己保持一种人生处处充满生机的心境。

人们无法通过自身的努力去改变自己的生存状态，但人可以通过自己的精神力量去调节自己的心理感受，让自己达到最好的状态。要拥有乐观的心态，必须让自己的眼光停留在积极的一面，就如太阳落山后，伴随着黑夜的来临，也还可以看到满天闪亮美丽的星星一样。世界是向微笑的人敞开的。乐观是人快乐的根本，是困难中的光明，是逆境中的出路，乐观能让你收获果实，收获成功，改变现状。

以不同的心态去看待身边的事物，就会收到不同的效果。乐观的人总是能从平凡的事物中发现美。其实，生活中从来都不乏欢乐，只要你用心体会。正如一位有智者所说的那样："一个人感兴趣的事情越多，快乐的机会也越多，而受命运摆布的可能性便越少。"当代青少年也应拿出面对生活的勇气，不要总是抱怨逆境，也不要把逆境当作是一种不幸，而是用积极乐观的人生态度，透过脏兮兮的窗户玻璃看窗外美丽的景色。

对于青少年来说，不论何时何地，不论做什么事，都要端正自己对生活、工作及学习的态度。要学会用积极的心态去发现生活中人或事美好的一面，热情地生活，愉快地工作，轻松地学习，以乐观旷达的胸怀面对每一天。

不要再抱怨命运的不公，也不要再抱怨上天给予你太多的磨难，无论在多么困难恶劣的环境里，换一种观点、换一种眼光、换一种心态看待所遇到的每一件事。青少年应该努力让自己拥有积极进取的阳光心态，乐观地对待生命中的风雨和彩虹，发挥自己的优长，激励自

己的热情，挖掘自己的潜能，昂首挺胸地走在光明大道上，接受生命的洗礼。

狂风暴雨之后的彩虹才会更美丽，只有经历破茧的痛苦才进行身体的蜕变，所以请乐观的面对吧，明天会更美好，成功就在不远处。

7. 笑着面对失败

"天有不测风云，人有旦夕祸福"，没有人能承诺我们的一生永远风和日丽；没有人能预知草丛中是否隐藏着毒蛇猛兽；更没有人能勾勒出成败的前行图。那么当我们遇到挫折失败，陷入困境时，我们应该学会笑对人生，笑对失败，只有这样，才能让自己活得轻松，"守得云见月明"。

失败并不等于自己是一位失败者、不等于自己比别人差、不等于命运对自己不公、不等于自己一无是处、不等于自己浪费了时间和生命、不等于自己是一个不知灵活性的人，失败只能说明自己暂时还没有成功。笑着面对失败，在失败中感悟成功的真谛，感受成功的光环的照耀。

◎笑对失败，获轻松、成功人生

很多人不能接受失败，选择放弃来逃避。比如，放弃名誉、利益、权力，甚至于自己的生命。其实，这些面对失败选择逃避的人不明白的是，即使逃避、哭泣都无法改变已经成为事实的东西，只有微笑面对它，接受它，了解它，剖析它，才能很好地战胜它。

爱因斯坦一生当中有那么多的重大发现，但是，你可知道，他成功的背后经历了多少艰难挫折和失败吗？曾经在很长时间里，没有人知道他会是一个天才，在人们看来他只是一个笨小孩。一次又一次的挫折和失败没有把他打倒，他认为这是通向成功的必经之路，潜心地做着自己的发现和研究，成为了伟大的科学家。其实，他的成功就是源于微笑着把失败当作成功的"阶梯"。只要拥有这样的心态，我们就应该享受失败，感谢失败，迎接失败过后成功那耀眼的一刻。

德国艺术家安格尔曾经说过："一个人可以被打倒，但不可以被打垮。"失败时不要灰心，微笑着去面对，懂得将失败化为前进的动力。在失败中，去学会成长。正如我们在备战高考的路途中一样，尽管我们会被挫折和失败一次次打倒，一次次的被压下，一百次倒下，只要我们心中有信念，就能一百零一次站起来，把辛酸的微笑留给昨日，用坚强的毅力和信念赢得最后的胜利。摔倒了，站起来，调整心态，明天又是一个崭新的自我。

成功和失败两者之间本身是相辅相成、互为前提而存在的，每个人的奋斗过程都是两者交织的过程，没有成功，就无所谓失败，同样，没有失败，也谈不上成功。成功能给我们带来了欢乐和收获，而失败却能给我们带来了经验和教训，让我们品尝百味人生，只要真心地为之付出为之奋斗努力过，那么即使失败了也是一种成功，失败要比成功更加可贵。所以，对于青少年来说，一定要抛弃掉自己脑中固有的观念，笑对失败，方能认识到失败当中蕴藏的积极道理，获得成功人生。

◎笑对失败，柳暗花明

"失败是成功之母"，这句耳熟能详名言，相信几乎所有的青少年都听过，但真正理解并做到的人却是屈指可数。现在的青少年大都生活在和谐的社会背景中，成长在温室般的家庭环境下，几乎没有遭遇到过较大的失败，或者说他们的人生还没有开始经历失败。因此，稍微有一点不如意就容易心灰意冷，失去斗志。其实大可不必这样。古

人有云："胜败兵家事不期，包容忍辱是男儿，江东子弟多才俊，卷土重来未有知。"也有言："一次的成功是由千百次的失败累积起来的。"青少年没必要把失败看得如同豺狼虎豹，换个角度来品味一下，就会发现其实失败对我们来讲未必就完全是一个厄运，也许它倒是磨练青少年意志的一块绝佳的砺石呢！大千世界，芸芸众生，有谁又是常胜将军呢？

其实，每个人心中都有一种潜在的、下意识的失败感，不被这种感觉影响的人往往是最后的成功者，而被这种感觉控制住的人则难逃失败的厄运。诚然，失败会让人痛苦，但却让人有所收获，而这种收获让人受益匪浅。因此，青少年们必须学会笑看失败，正如有人说的"想要获得一千零一次的成功，就必须笑看一千次失败"，这种颠覆传统的思维方式，能使人从失败的深谷走向成功的顶峰。

成功是每个人奋斗的目标，但失败也是必须要面对的，换个角度看待失败，是人生的一种享受，是生命的一种感悟，是成长的一种幸福。正所谓：不经历风雨，怎么见彩虹？失败和成功是孪生兄弟，两者从未分开过，只不过人们总是爱拿着放大镜来看待失败带来的影响。所以，青少年千万不要为一次的失败而耿耿于怀，痛苦难当，要学会在失败中成长，在痛苦中微笑，只有这样才能变平庸为超脱，化腐朽为神奇。

第四章

学会永远坚持

第一节　永不放弃　赢在坚持

1. 阳光总在风雨后

人生是一种至高无上的体会，不论是风雨交加的经历，还是阳光明媚的经历，都是一个人一生中难以忘记的一瞬间。无论你经历过什么不可预料的事情，都应该保持一个很乐观的态度去处理你身边的一切，学会笑看人生，再大的风雨就让它跑向脑后，学会朝着前方的路看去吧。

青少年正处于身心快速成长的时候，特别需要锻炼自己的心态，保持一个良好的心态才是可以培养出一个优秀的青少年的先决条件。因此，摆正自己的心态十分重要。

◎人生路上难免有磨难

很多的时候，对于任何事情都不是谁能可以预知的，好的坏的事情有时可以说是一齐地指向于一个人，那时，遇到好的事情，也许人们会表现得很是欣慰。但是如果一旦遇到个坏的甚至于让一生都陷入痛苦中的事情，又当如何呢？所以，人生路上的磕磕碰碰，都是不能避免的，那就要看个人怎么去对待了。

这是很不寻常的一天，也是西方的特殊的节日——圣诞夜。因此，人们都像往常一样在周日晚会聚集到教堂里共同庆祝。做完礼拜之后，一个母亲恳求迈克米伦晚上开车带她的两个十来岁的女儿去教堂。因为她独自带着女儿生活，特不喜欢在雪雨交加的晚上开车。于是，迈克米伦于是答应了。

当天晚上，他们开车去教堂，两个女孩子坐在迈克米伦的身旁。

车开上一个高坡，迈克米伦看到前面不远的立交桥那里许多车撞在一起。因为路面结冰，非常滑，车轮无法刹住，猛地撞到一辆小车的后部。

迈克米伦身边的一个女孩尖叫了一声。

"噢，多娜！"迈克米伦回过头去看那个坐在窗边的女孩子怎么样了。当时车内还没有装配安全带。所以她的脸部撞到了挡风玻璃上，落回座位时，锋利的玻璃碎片在她左颊留下两道深深的伤口，血如泉涌，可怕极了。

很幸运的是，这辆车里有急救包，于是用纱布止住多娜的流血。前来调查的交警说事故难以避免，不是迈克米伦的责任。可迈克米伦仍然内疚不安——一个如花似玉的少女脸上将要带着疤痕过一辈子，并且还是因为自己的缘故。

多娜很快被送到医院急诊室里，医生开始为她缝合脸上的伤口。过了好久，迈克米伦担心会出什么事，就问一位护士，手术怎么现在还没有结束。护士说，当班的医生恰好是个整形的外科大夫，他缝合细密，很费时间。但是效果却很显著。

迈克米伦不敢去探望住院的多娜，担心她会怒气冲冲地责骂自己。因为是圣诞节，医生们把病人送回家，有些可不做的手术也给推迟了。所以多娜病房所在的楼层里并没有多少病人。迈克米伦问一位护士多娜的情况怎样。护士微笑着说，多娜恢复得挺好。实际上，她就像一束亮丽的阳光。多娜看起来很高兴，对医治、护理方面问这问那。护士向迈克米伦透露说，病人不多，她们有自己支配的时间，经常找借

口到多娜的病房里聊天。

迈克米伦对多娜说,他对于发生的一切感到非常不安和歉疚,她打住迈克米伦的道歉,说可以用化妆品遮住疤痕。接着她开始兴高采烈地描述护士们的工作和她们的想法,护士们围在床头,微笑着。多娜看起来很愉快。她是第一次住院,周围的一切引起了她的极大兴趣。

后来,多娜在学校里成了大家瞩目的中心,她一遍遍地讲述事故的经过和她在医院的经历。多娜的母亲和姐姐也没有责怪迈克米伦,反倒感谢他那晚对姐妹俩的照顾。至于多娜,也没有毁容,而且化妆品确实差不多弥盖了她的疤痕。这让迈克米伦感到好些,但他仍难以抑制心中的刺痛——这么美丽可爱的少女,脸上却有疤痕。

后来,迈克米伦移居另一个城市,从此和多娜一家失去了联系。

10多年以后,那个教堂邀请迈克米伦去做一系列的礼拜活动。临结束的那晚,他忽然看到多娜的母亲站在人群中等着和他告别。

迈克米伦蓦地战栗起来,想起车祸、鲜血和伤疤。

多娜的母亲笑容可掬地站到迈克米伦面前。当她问他知不知道多娜现在怎么样了时,她几乎开怀大笑起来。

"不,我不知道多娜怎么样了。"

"那你记不记得多娜住院时对护士的工作极感兴趣?"

"是的,印象很深刻。"

多娜的母亲接着说:"嗯,多娜打算做一名护士。她接受培训,并以优异成绩毕业,在一家医院找了份不错的工作,结识了一位年轻的医生并相爱结婚。婚姻很美满,现在已有了两个漂亮可爱的孩子了。多娜告诉我不要忘了向您提起那次车祸是她一生中最大的幸事!"

人生路上往往像多娜出生这种意外的事情是非常多的,但是就看你去如何面对了。心态的好与坏只是一个内心如何平静对待一切的解

决方式。如果每一个人都能平和地对待一件事情，那么他的生活将不会有那么多的烦恼和忧愁了。

或许正如约瑟夫·艾迪逊所说："在人生的旅途中，真正的幸事往往以苦痛、丧失和失望的面目出现；只要我们有耐心，就能看到柳暗花明。"

只有经历，才会有体验。相反，如果我们不去实践，不去经历，只靠别人传授，或书本，是不可能有真实体验和感受的。而我们只能做一角死书架，我们的生活也会停滞不前。不经历风雨，怎能看见美丽的彩虹。

面对挫折，不同的人会有不同的表现：有的人坚韧不拔、百折不挠，经得起挫折的打击；有的人一蹶不振、沮丧、颓废、消沉。古人曾有"人之逆境十之八九"之说，既然在人的一生中挫折和失败不可避免，那么我们就应该正视它。

"自古英雄多磨难"。纵观中外历史上的那些成功者，几乎都经历过挫折，但他们都有百折不挠的意志力，他们的成才史不可不说是一部不屈不挠的奋斗史。以此为生动的素材来教育学生、感染学生，就会使学生明白学习的过程也就是不断克服困难的过程，必须努力才会有所发展。

因此，面对挫折，尤其是青少年不要沉迷于失意的阴影；面对挫折，不要浸泡在痛苦的泥陷；面对挫折，不能迷失方向。人生路上遭遇挫折，只当是一阵清风拂过、是一点小浪翻过。这样就淡化了痛苦，缩小了悲伤。

◎学会像阳光般灿烂对待人生

人生是靠自己走出来的美丽，没有等出来的辉煌。人生不要因叶落而悲秋，更不要因挫折而放弃拼搏。一花凋谢荒芜不了整个春天，一次挫折也不可能限制一生。

人活一世，挫折痛苦不可避免，但风雨过后，显现在你面前的是风平浪静的天空，荆棘过后，显现在你面前的是铺满鲜花的大道。

古人说："失败乃成功之母。"任何一件事情要想做成功，过程不可能是完全顺利的，其间要经历许多的困难和曲折。古今中外，有多少仁人志士，为了追求远大的目标，付出了常人难以想象的艰辛，有曲折，也有失败，但是最终他们还是取得了成功。波兰著名的化学家居里夫人，为了从矿物质里提取微量的化学元素，整天钻在实验室里，废寝忘食的工作，一次次地失败，一次次地从头再来，经过成千上万次的实验，最后终于取得了成功。还有炸药之父诺贝尔，他看到工人们在荒山野岭里用铁锤砸石头，为了开通一条路，要花费非常艰苦的劳动，他就下决心发明炸药，在实验室进行了长期的实验，这其中有过许许多多的失败，甚至付出了血的代价，但是他毫不气馁，迎着困难继续奋斗，经过几百次的失败，终于试验成功了炸药。他为了发明炸药，投入了他的整个一生，一生没有结过婚，为人类做出了巨大的贡献，没有他锲而不舍的精神，哪有今天的光辉成绩。

生活的苦与乐，只有自己心里清楚。不管有什么恶疾或是特别痛苦的煎熬，只要心中有一份坚定的信念，任何事情都是可以克服的。有句歌词里说的好："风雨彩虹，铿锵玫瑰。"玫瑰固然娇艳，但是经历过风雨的洗礼后依然是那么的美丽，而且还是大众的爱情信物。这就是说，人生要像阳光般灿烂，无论是否遭遇困境，都要保持一个积极向上的心去面对。

曾有这样一位青年人，他行动非常的不便，他患的是骨癌，因此失去一条腿，大家对他都格外热情，比如说搀他走路，搀他起来坐下。虽然在这里，生活无情地展现着残酷，但是人更为坚强。大家介绍说，这个残疾青年酷爱文学，正在着手写一本书，而且他还正在恋爱，也是一位身患癌症的女青年，不久他们就将结婚。

面对这位残疾的青年，或是面对着迎面走来的盲人，难道我们还不实在地感到我们现在有多么的幸运啊。望着他们，我们不能问自己，有什么理由能让自己去不敢面对挫折，又有什么理由不去对生活充满自信，有什么理由不去笑看人生呢？

青少年是肩负着祖国的希望的栋梁之才。人生观和价值观还没有真正的形成起来，因此，要保持一个良好的心态，对任何事情，只要坚定自己的信念，相信无论什么事情都不会难倒自己的。学会像阳光般灿烂的对待自己的美好人生吧。

2．为你的成功把关

人世间最容易的事，通常也是最难的事，最难的事也是最容易做的事。说它容易，是因为只要愿意做，人人都能做到；说它难，是因为真正能做到并持之以恒的，终究只是极少数人。

生活中，半途而废者经常会说"那已足够了"、"这不值"、"事情可能会变坏"、"这样做毫无意义"。而能够持之以恒者会说"做到最好"、"尽全力"、"再坚持一下"。因此说，能否持之以恒、坚持不懈，是界定一个人成功与失败的分水岭。

◎贵在坚持

"一年之计在于春，一日之计在于晨"，这句话告诉了青少年开头或是起步的重要性，人们也常常用"好的开端是成功的一半"来提醒、勉励自己，一定要开好头，起好步。但是，要获取成功，还需要好好地坚持到底。"行百里者半九十"，如果坚持不到终点，就会失去差不多全部的意义。所谓"笑到最后的笑得最好",说的就是这个意思。在许多的跑步比赛中,开始跑在最前面的,不一定能够夺冠,恰恰是坚持得最好的,往往是冠军得主。

坚韧隐忍的性格、高贵美丽的心灵,是青少年朋友应该具备的重要品质。生活中,每个人都会遇到困境。在青春之路的"苦涩",往往使人产生恐慌和绝望。在恐慌和绝望之下,很多人失去了坚持下去的勇气。殊不知,在这"苦涩"的死寂之中,往往需要再坚持一下,就能收获成功的果实。青少年应明白,"苦涩"是人生必不可少的经历,缩短它,等于一年中少了寒冬和酷暑。驾驭困境是强者的表现,急于解脱或妥协、投降只能让自己失去更宝贵的磨炼阶段,只能收获青涩的果实。

有两个人偶然与神仙邂逅,神仙授他们酿酒之法,叫他们选端阳那天饱满起来的米,冰雪初融时高山流泉的水,调和了,注入深幽无人处千年紫砂土铸成的陶瓮,再用初夏第一张看见朝阳的新荷覆紧,密闭七七四十九天,直到鸡叫三遍后方可启封。

像每个传说里的英雄一样,他们历尽千辛万苦,找齐了所有的材料,把梦想一起调和密封,然后潜心等待那个时刻。

多么漫长的等待啊。第四十九天到了,两人整夜都不能寐,等着鸡鸣的声音。远远地,传来了第一声鸡鸣,过了很久,依稀响起了第二声。第三遍鸡鸣到底什么时候才会来?其中一个再也忍不住了,他打开了他的陶瓮,惊呆了,里面的一汪水,像醋一样酸。大错已经铸成,不可挽回,他失望地把它洒在了地上。

而另外一个,虽然也是按捺不住想要伸手,却还是咬着牙,坚持到了三遍鸡鸣响彻天光。多么甘甜清澈的酒啊!只是多等了一刻而已。从此,"酒"与"洒"的区别,就只在那看似非常普通的一横。

现实中，成功者与失败者的区别，通常不是机遇或是更聪明的头脑，只在于成功者多坚持了一刻——有时是一年，有时是一天，有时，仅仅只是一遍鸡鸣。

这则故事告诉人们，许多事情并不是总能一蹴而就的，要想取得成功，做出成就，永远都不应该急躁、冲动，抑或是感情用事，具有较强自制力的人才是生活的强者。

明人杨梦衮曾说："作之不止，可以胜天。止之不作，犹如画地。"这句话是要告诉世人坚持下去的道理。世上的事，往往再坚持一下，就能取得成功。但如果停下来不做或把目光放在别处，那就如画饼充饥一样，永远达不到目的，梦想也永不会变成现实。

这个道理浅显简单，但在实际生活中，人们却常常忽视了它。我们常常会有"为山九仞，功亏一篑"的遗憾。有时，我们距成功就一步之遥，但偏偏在最后的关头放弃了努力，与胜利擦肩而过，这多么令人懊悔！所以说，凡事贵在坚持，只要坚持，梦想就会成真！

坚持是一种人生境界，是一种品质、一种意志、一种精神。可以这样说，人类所有的竞技，几乎都是坚持的较量；人类所有的创造，几乎都是坚持的作用；人类所有的成功，几乎都是坚持的结果。

一鸣惊人的人，肯定是默默无闻过一段相当长的时期；豁然开朗的境界，必然得经过一段昏暗狭窄的路程；领略无限的风光，一定是在艰辛地攀登之后。科学园地里每一朵耀眼的花朵，无一不是在长期坚持中绽放的。坚持无时不有、无处不在，坚持无坚不摧、无所不能。在成长的道路上，青少年朋友惟有学会坚持，方能领略成功的喜悦。

◎让坚持成为一种习惯

时间是世界上最伟大的力量，即使是大力神也不能与时间去抗衡、较量。或许有些时候、有些事情、有些人、或有些外界的东西也可能

具有很强的力量，但是请相信：只要坚持下去，时间的威力就会逐渐显示出来。上帝处罚人不一定会直接去惩罚他，有时候只是让他行动迟缓而已。幸运的女神总是会给那些勇于坚持的人以更多的青睐。因此，青少年应该学会让坚持成为一种习惯。

德士鼓是美国的一家石油公司，一次在旧金山的河谷里寻找天然气，当气井打到5000英尺深的时候，仍不见天然气，这时人们开始灰心，不想再做下去，认为这里肯定没有天然气，否则早就有结果了。于是他们草草收兵，把此井当成了废井放弃了。

美国石油大王哈默得知这一消息后，暗自高兴，他立刻请来石油天然气专家一同前往现场考察，经过详细勘察分析，专家们一致认为：如果德士鼓能够再坚持下去的话，很可能就会成功。哈默听了专家的评价后，毫不犹豫，立即组织人员，在原来的基础上，又往下钻进2000英尺，结果收获了意料的惊喜。就这样，哈默获得了一笔可观的财富。

"水滴石穿，绳锯木断"这个道理人人都懂，然而，是什么对石头来说微不足道的水能把石头滴穿？柔软的绳子能把硬邦邦的木头锯断？究其根源，还是坚持。一滴水的力量是微不足道的，然而一滴又一滴的水坚持不断地冲击石头，就能形成巨大的力量，最终把石头冲穿。同理，绳子懂得坚持，所以才能把木锯断。

在所有的体育比赛项目中，马拉松比赛是最令人乏味的，但又是最耐人寻味的。在奥运会上，马拉松比赛往往是最后一项赛事，这项比赛是最能体现完备的体育精神。马拉松比赛的时间是以时、分、秒计算的，而人的一生要以数月、数年、数十年来计算。人生这场马拉松比赛，也就更漫长、坎坷和艰难，更需要忍耐、坚持和奋斗。要在漫长的人生旅途中有所作为，只能靠恒心去挺、去忍、去拼搏！

功到自然成，成功之前难免有失败，然而只要能克服困难，坚持不懈地努力，那么，成功就在眼前。对于青少年而言，无论是在生活中还是学习中，一定要学会坚持。只有坚持才能获得成就，释放耀眼的光芒，打造灿烂和辉煌的人生！

3. 宝剑锋从磨砺出

俗话说："宝剑锋从磨砺出，梅花香自苦寒来"，"十年磨一剑"要经历多少次锤炼，只有耐得住彻骨的严寒才能绽放出骄人花朵的梅花。生活本身也就是如此。一个人只有耐得了寂寞，吃得了辛苦，才能成就一番事业，才能开创出一片新的天地。

◎成功始于坚持不懈

人的一生不可能一帆风顺，青少年有的时候会有考试的失败、学习的失败。但失败了绝不能放弃，不应该从此对自己失去信心自暴自弃，而是要冷静下来，找出自己失败的原因，总结经验教训。还有一点，就是要有坚持不懈、持之以恒的精神，只有这样才能走向成功。

如今的大街小巷，没有人不知道肯德基，它不仅是小孩的最爱，还代表着时尚，代表着一种新的生活方式，但是很少有人知道"肯德基炸鸡"连锁店的创始人——桑德斯是怎样创业的，他是以一种怎样的方式完成这样的创业的，让我们来看一下。

创业初期的他已经六十五岁，而且他身无分文只能靠救济生活，他拿到第一张救济金支票，金额只有一百零五美元，当时他的内心沮丧极了，但他没有去怪这个社会，他想就是这样他也要靠自己努力去改变命运。

于是，他便思量起自己现在所拥有的东西，试图找出可为之处。

突然他想道："我拥有一个人人都将会喜欢的炸鸡秘方，我何不用它来改变自己？"

紧接着一连串的想法又从脑海里蹦出来："如果我将这份炸鸡秘方卖给餐馆，并且教他们怎么做，那么他们的生意就会变的红火起来，而我也可以从餐馆中拿到提成。"

想至此他便行动起来，挨家挨户的去餐馆推销他的炸鸡秘方，但是没有人相信他，餐馆的老板一个个都拒绝了他，还当面嘲笑他："得了吧，老家伙，若有这么好的秘方，你干嘛还穿这么可笑的白色衣服？你怎么还会拿来推荐给我们？"这些刺耳的话语并没有让桑德斯选择放弃，他相信总有一天会有人采用他的炸鸡秘方。

时间一天天过去，他仍然继续着自己的推销，每天驾驶着他那架又破又旧的老爷车，饿了就用他示范做给别人的炸鸡充饥，困了就和衣睡在后座，而只要一醒来他就继续向人推销着他的秘方。

一次次失败之后，他没有因为别人的拒绝而懊恼，觉得是自己是说辞还不够说服力。于是，他便认真的研究，认真的坚持。他相信只要自己坚持一定有人会相信他，并采用他的秘方。

终于，就在他无数次的坚持后，有人愿意试一下。就是这样的一试竟然非同凡响，人们对这种炸鸡非常喜爱，吃的人越来越多，一家家的分店在供不应求中开了起来，不仅这样他的分店还在其他的国家一家家的开了起来，而且同样的受欢迎。

这就是桑德斯的创业之路，在他的这条路上我们看到了一样可贵的东西：那就是坚持，就是他的这份坚持让他获得了最后的笑声，就是他的这份坚持成就了他最终的成功。

如果换做你，你能在第 N 次被拒绝后还选择坚持吗？你能像桑德斯一样一直坚持下去吗？看了这个故事我们要明白任何成功都不是一

步而成的，他需要很多因素，而坚持无疑是一种非常重要的因素，桑德期就是用支持的信念看到了最后的彩虹。

坚持是一种耐心，是一种胸怀，成功需要坚持，如果你还没有看到彩虹，不要放弃，坚持走下去，那样你一定能看到成功的彩虹。

古时愚公移山，他明明知道开山挖石并非易事，也不是一朝一夕可以做到的事，这可需要子子孙孙一代代不懈努力的做下去，为了开出大路，到达汉水的南面，他每天坚持带着子孙去移石。天帝为愚公移山的诚意感动，就派了夸娥氏的两个儿子去背走了山。愚公不也知其不为，却坚持做下去了吗？连古时一位九十多岁的老人都如此，我们不是更该如此吗？如今的青少年兴趣都很广泛，学这学那的，但大多数都是三天打鱼，两天晒网，总半途而废，这样是永远都不会成大器的。

◎人生大道，永不言败

人生道路上，难免会遇到挫折和不幸。但重要的是当你失败时，怎样站起来。成功者和失败者非常重要的一个区别就是，失败者总是把挫折当成失败，从而使每次挫折都能够深深打击他追求胜利的勇气。

雷·克洛出生在美国西部淘金热刚刚结束的年代，一个本来可以发大财的时代与他擦肩而过，更为不幸的是，正当聪明过人的雷·克洛想要通过发奋苦读来达到自己最终理想的时候，又遇上了 1931 年的美国经济大萧条，由于家庭的穷困，使他最终和大学无缘。无奈之余，他不得不早早辍学，迈入了社会。他渴望在房地产方面有所作为，经过不懈的努力，好不容易才打开局面，让艰难的生意略有起色。不料，第二次世界大战的烽烟让他的梦想又化为泡影，一时间房价急转直下，最后不得不接受"竹篮打水一场空"的现实。就这样，几十年来低谷、逆境和不幸一直伴随着雷·克洛，命运无情地捉弄着他，可人们在坚强的雷·克洛的字典里始终翻不到那个叫做"放弃"的词。

命运的转机出现在雷·克洛56岁时。那年，失意无比的他来到加利福尼亚洲的圣伯纳地诺城，看到牛肉馅饼和炸薯条备受青睐，于是不顾自己已年过半百，竟然跑到一家餐厅当学徒，学做这种食品。尽管年龄上的劣势让他吃了不少的苦头，可是他用比常人多得多的汗水证明了自己的非比寻常。

后来，这家餐馆转让。雷·克洛做出了一个让常人不可思议的决定，用自己所有家当——失业保险金接过了店面，并且将餐馆的招牌改为"麦当劳"。最终，这场赌博式的收购让他成功了，经过数十年的发展，麦当劳已成为全球闻名的超大型企业，在全世界有5637个分店，年收入高达4.3亿美元。

雷·克洛的故事说明，失败并不可怕，可怕的是放弃成功的机会。用五十多年光阴里的无数次失败最终换回了一次成功，那就已经足够了。雷·克洛真是一个时运不济的人，可他没有怨天尤人，而是坚持不懈，执著追求。也让人明白时运不济并不是没有时运，而是时候未到，大路总是为那些审时度势、自强不息的人铺就的。

"宝剑锋从磨砺出，梅花香自苦寒来"一句淡雅清优的诗句，点出了一个道理。宝剑何以为宝剑，打磨、雕着使之然也，梅花之香从何而来，霜雪的考验，留给了梅花内在的清香与甜美。朋友，倘若你正逢生命的难关，千万不要灰心丧气，一定要坚持努力，勇往直前，走过崎岖和坎坷，跨过困苦和艰险，如此一来，岁月将会为你洞开一片新的天地。

有人说，人生犹如一条狭长漆黑的小巷，我们都穿行其中，而且都不知道巷子的长度。只有走到了巷子的出口才能叫成功。走在这样一条寂寞的小巷里，必须要有足够的信心和耐心。毫无疑问，离巷子

出口最近的地方，就是我们熬不下去、准备回头之处。

4. 成功往往来自那一点坚持

邹韬奋说："一个人做事，在动手之前，当然要详慎考虑；但是计划或方针已定之后，就要认定目标前进，不可再有迟疑不决的态度，这就是坚毅的态度。"俗话说："不为失败找理由，要为成功找出路"每个人都渴望成功，害怕失败，害怕挫折。然而失败并不可怕，可怕的是失败后没有勇气去面对，不是说失败是成功之母吗。成功的道路上有着许多的挫折、困难，只要勇敢地战胜它们，成功就在不远处，坚持到底终究会成功。"行百里者半九十"。成功的路上必定不会一帆风顺，获得成功，往往在于那一点坚持。

◎成功贵在坚持

只要你认为自己做的是对的，执著地追求下去，成功便会在一切不可能中实现，成功不仅要求我们敢想、敢做，最重要的是一定要坚持下去，坚持自己的信念直到成功为止。当我们面对一次次考试的不理想，不要灰心。人的一生中不如意之事十之八九，如意之事只不过一二而已，面对暂时的不如意我们需要做的就是坚持，每天学习一点点，日积月累，坚持到最后我们就能成功！

古希腊的大哲学家苏格拉底第一天上课时对学生说："今天咱们只学一件最简单也是最容易做的事情。每人把胳膊尽量往前甩。"说着，苏格拉底示范了一遍，"从今天开始，每天做300下，大家能做到吗？"学生们都笑了，这么简单的事，有什么做不到的！过了一个月，苏格拉底问学生们："每天甩300下胳膊，都哪些同学坚持了？"有90%的同学骄傲地举起了手。又过了一个月，苏格拉底又问，这回，坚持下来的学生只剩下一半。一年后，苏格拉底再一次问大家："请告诉我，最简单的甩手运动，现在有哪几位同学坚持了？"这时，整个教室里，只有一个人高高将手举起，他就是后来古希腊另一位著名的哲学家柏拉图。可见，很多伟人从小就养成了持之以恒的良好习惯。

这则小故事所蕴含的意义以及告诉我们的道理是显而易见的，成功的秘诀很简单，那就是贵在坚持。说起来容易做起来难，坚持，坚持，再坚持！惟有如此，我们才能达到成功的彼岸。

所以，无论现在的学习有多么糟糕，心情有多么急躁。请一定要坚持，再坚持！不要轻易放弃，相信自己也可以像别人一样！坚持到底，就能守得云开见月明！坚持，绳锯木断，水滴石穿！成功只会离他越来越近。十年磨一剑，走得最远的人，不是最聪明的人，而是最执著的人。努力不一定成功，但放弃一定失败！无限风光在险峰，坚持就是胜利！

有时候因为前面的路无法看清，就会选择放弃，其实，就像烧开水一样，九十九度加一度水就开了，开水与温水的区别就是这一度的差别。有些时候有些事情之所以会有天壤之别的差距，往往也正因为这一度之差。

没有一个人的成功之路是一帆风顺的，主要是贵在坚持。看谁能坚持到最后，谁就能获得最后的成功，例如，人尽皆知的伟大发明家爱迪生发明了电灯，他经历了 1000 多次的反复实验，才得以成功。如果在发明电灯的过程中他因一次失败而灰心丧气没有坚持下去，也就不会获得最后的成功，也不会成为伟人。像这样的例子比比皆是，它们都证实了坚持到最后对于成功的重要性。

成功是一种坚持，当我们的毅力超越了惰性时，我们才能种出自己的黑色金盏花，我们不能在上课时昏昏欲睡，再坚持一下就好了，面对任何事情，如果没有坚持到底的决心，尽管只差一点儿，最终还是不会成功，甚至，此前所做的努力也会白费！

◎成功——马拉松的终点

众所周知在无边无际的沙漠中，只有坚持到最后的人，才能找到绿洲，见到水源，获得最后的生机。无数事实都证明，要想成功，就必须有忍耐精神。忍耐困难、忍耐折磨、忍耐压力、忍耐打击、忍耐讥笑、忍耐一切应该忍耐的痛苦。只有这样，坚持到底，往前走，不后退半步，相信别人能做到的，我们也一定可以做到，别人做不到的事情，我们却可以做得到。拿破仑曾经说过："胜利属于最坚忍之人"。作为当代青少年，责任就是把学习搞好，学习上遇到困难多向学习好的同学请教，或者直接问老师，一点点地积累，付出总会有回报，最后会有很好的成绩。

其实，成功之路就像马拉松赛跑一样，马拉松赛是体育比赛中最长距离的赛跑项目。在刚入学时，大家都站在同一条起跑线上，大家的水平不相上下，距离相差不远。随着时间的推移，从幼儿园到小学，再到中学，距离就逐渐拉开了。强者靠毅力、耐力、能力领先，跑在队伍的最前面，把那些怕吃苦、怕流汗、不愿追求的人远远地甩在了后面。这些掉队的人并不比那些跑在前面的人差多少，只是他们经常偷懒，走走停停，停停走走，他们只会抱怨路途不平坦，路途太遥远，而冲在前面的人却有执著的追求，追求那光明的前途，追求人生伟大的目标，追求成功时那耀眼的光芒，他们总是踏平艰险，奋力向前。于是，强者更强，弱者更弱，当强者登上一个又一个高峰，超越一个又一个自我，在感受路途坎坷漫长的同时，也感受了人生成功的无限乐趣。

在所有的体育项目当中，马拉松项目是最令人乏味的，而又是最耐人寻味以及最能考验人的耐力的一个项目。在所有比赛项目当中，马拉松比赛通常都是最后一项赛事，因为它最能体现完备的体育精神。如果想在漫漫的求学路上取得成功，只能靠坚持到底的恒心去努力、去拼搏。

俗话说的好："为山九仞，功亏一篑"。成功路上荆棘密布，但请记住一点：成功是坚持与努力的结晶。无论那虚掩的成功之门有多远，坚持就是胜利！

没有人不渴望成功，成功是美好的，但坚持却是痛苦的。每个人都在追求成功，但成功需要付出艰辛的劳动，甚至千百次艰难的探索，成功不会轻易获得。因为，成功本身就是一个不断追求，一个锲而不舍的过程。成功与失败，并不是天秤的两端，而仅仅只是一步之遥，然而有的人就是不肯踏出这一步，望而却步，停滞不前，结果他永远都无法成功。

其实，成功并不像想象中那样艰难，只需要再坚持那么一步就行了。

所以青少年朋友们，当困难绊住成功的脚步，当失败挫伤雄心壮志，当被负担压得喘不过气时，不要退缩，不要放弃，一定要坚持下去，因为只有坚持不懈，才能最终走向成功！

5. 努力不一定成功，放弃一定失败

成功是每一个人都希望的，不管是学业还是事业。人们为了成功不断的努力着，不可否认，人们付出努力就是为了能获得成功，给自己的人生增添更辉煌的一页，哪怕经历多次的失败。从这个角度讲，努力的过程就是美，尽管努力不一定成功，但是放弃一定会失败，因

为"努力"是成功的必要但不充分条件。

◎成功需要努力

每个人都在追求成功，至少是自己定性的成功。然而无论是什么样的成功道路都是坎坷崎岖的，每个人成功的机会都是平等的，关键在于你是否去试了，去努力了。如果你都不屑去一试，去努力，是不可能有机会成功的，只要你努力了，至少可以有一半的机会。成功并不是百分之百的，只要努力或许对自己就是一次腾飞，所以无论怎样都要去努力去争取，让自己做到无怨无悔。

文天祥在好心人的帮助下才有了读书的机会。由于少年时他的生活非常困苦，他曾被同学误会是小偷，因为他不允许别人践踏自己的尊严，努力为自己申辩，终于证明了自己的清白，这件事后，文天祥更加努力学习，树立了金榜题名的志向，终于实现了自己的理想。试想，如果他不努力为自己申辩，不努力奋斗学习，怎么可能会有后来的文天祥！他的故事证明了：成功需要努力，不努力一定不会成功。成功的条件有很多，如果没有科学文化素质，没有扎实的基础知识，纵然刻苦努力和有天赐良机，也还是不会成功的，要取得成功，需要努力。

莎士比亚如果没有他执著的"偷学"精神，怎么可能从最初的打杂工到世界著名的大作家？

姚明之所以成为一个出色的职业篮球明星，和他每一次在比赛场上的拼搏奋斗是分不开的。如果没有他的努力拼搏就不会有今天的姚明。

可见，机遇对每个人都是平等的。诚然，抓住机遇的时机是不一样的，如果放弃机会，成功的几率是百分之零，根本谈不上成功；只有尽力去努力、去拼搏才有希望取得成功。努力了、拼搏了即使失败了也不会后悔，没有遗憾。所以青少年朋友们，开始奋斗吧！无论做任何事，只有用百分之百的努力，才有可能取得成功，否则，将一事无成。

广大的青少年们，人生中有失败才会有成功，惟有努力奋斗才不会给生命带来任何怨恨与遗憾。

◎ **不要放弃努力**

阴雨天过后，阳光总会出现；风雪怎样肆虐，春风总会吹拂。无论怎样，请不要轻言放弃。张海迪曾说："即使翅膀断了，心也要飞翔。"人生是不能轻言放弃的。青少年正处于努力获取知识的时候，驾生命之舟就要懂得挥棹奋起最强的搏击。挫折、失败是成功的必经之路，当命运之门一扇一扇地关闭时，请不要放弃，或许下一次的努力换来的就是别样的风景。

慢慢人生旅途，并不是一路平坦的。只要你不放弃努力，只要心中还有美丽的主题，就会走出心中的风雨。失败是一个新的开始，它并不意味着永远失败。功成名就的人不只是依据个人的性格决定的命运，而是一个人的决心，一种不放弃努力的决心。只要不放弃努力就会成功，抱着这种信念的人，一定能够有所成就。总是怀疑自己能否成功、或是害怕失败的人，终将一事无成。

广大青少年们，只有你为自己的目标付出辛勤的汗水，在成功到来时，才会感动。你的人生目标越大，感动也会越大。人的一生就是挑战的一生，如果放弃了努力，就失去了生命的意义。只要你努力了，就算是失败也会给你带来许多的收益，成功需要努力，不努力便不会成功。

做一件事情，努力了不一定成功，但如果你放弃了就一定会失败，经历事实上就是一种成功。你去拼搏一番，失败了可以再努力，但是你如果不去努力，就像晚上幻想明天要怎么努力，而早上起来却还是不付诸行动一样。那些成功的人之所以会成功是因为他们不怕失败，而那些失败的人总是担心自己会失败，他们不去努力也就避开了成功。

青少年正处于学习的大好时光，就一定要选择一个具有价值的目标，并为之努力奋斗。"努力了不一定会成功，但放弃一定会失败"在你遇到困难、挫折想退缩时，请千万要记住放弃了一定会失败，只有努力才有可能成功。为了让你的人生更有价值、取得更多的成功，只有努力奋斗才能实现。

人生尽在努力的过程中。每一个成功者都有过失败，失败过后，才能走向成功。人的一生中机会有许多，只是看你自己是否能把握住。对于成功而言，努力了不一定就会成功，而放弃了绝对会失败。为了找到成功之路，就要学会不断地努力，也只有不断地努力才能享受到成功的喜悦。

6. 绝不因为挫折而放弃行动

佩恩曾说过这么一段话："没有播种，何来收获；没有辛劳，何来成功；没有磨难，何来荣耀；没有挫折，何来辉煌。"作为新一代的青少年，在享受着独生子女的优越条件的同时，也承受着不同寻常的压力。父母的期望、无形的压力经常压得我们喘不过气来。面对失败，面对挫折，面对黑暗，相信只要心中充满阳光，我们就能走出一条光明的道路来。不管眼前的黑暗有多深、多浓、多重，不要因为一时的迷茫而放弃行动，只要心中有阳光，就能拥有一片光明的未来，因为，面对失败与障碍，光明是不怕一次又一次挫折的。

◎**不被挫折打败**

春天是生气勃勃、万物复苏的季节，美丽的春天就像我们的青春一样，春天美丽的景色就像我们如花似玉般的花样年华一样，春天的短暂就像青春时节的短暂。俗话说:"一日之计在于晨，一年之计在于春。"我们正处在朝气蓬勃的青春时节，我们应为以后的美好生活而努力学习，去实现自己的理想。当春天的小草被我们踩了一次又一次，它们是多么坚强，总是不向命运低头，一次次地将被我们踩弯了的身子挺直。我们学习不也应该是这样吗？不怕失败，勇敢地面对挫折，这一次考试失败了，怕什么，再来，回去好好复习，不会的多问同学和老师，找出失败的原因总结经验，再考过，百折不挠，坚持不懈，总有一次会成功的。勇敢地面对挫折，挫而不败，坚持不懈地去努力，去孕育理想，为理想而奋斗，只要不相信自己会比别人差，就没有人会把我们打败，那个打败自己的人只有自己。

对于青少年而言，挫折指日常生活中的挫败、失意，在心理学上是指个体在从事有目的活动中遇到的障碍、干扰，致使个人目标不能实现，个人需要不能满足而引发的一种消极的心理状态，挫折感是一种普遍存在的心理现象，青少年无论在生活上还是学习上都会遇到许多不同的挫折。

有这么一个故事:一位女作家在纽约街头遇到一位卖花的老太太。她看上去穿着破旧，身子也很虚弱，但脸上却满是喜悦。女作家很好奇就挑了一朵花，说:"您看上去很高兴，有什么很高兴的事吗?""没有，但为什么不呢？一切都这么美好。""您很能承担烦恼，忍耐困难。"女作家又说。老太太的回答更令人吃惊:"耶稣在星期五被定在十字架上时，那是全世界最糟糕，最黑暗的一天，可三天后就是复活节了。所以，当我遇到不幸时，就会等待三天，一切就恢复正常了。"

一位如此平凡的卖花老人，却拥有一颗多么不平凡的不怕挫折的心。她用一双积极向上的眼睛面对生活给她带来的苦难。曾经听过这样一句比喻："每个人的心都像一个水晶球一样，晶莹剔透，若遭遇不测，忠于生命的人，总是将五颜六色折射到自己生命中的每一个角落。"事实也确实如此，当遭遇到挫折时，当陷入苦难无法自拔时，不要灰心，不要绝望，无论已经失去了什么，你仍然拥有你最珍贵的东西，那就是生命。请站在镜子前露出微笑，因为当你微笑的时候，世界上的一切也在对你微笑，快乐就会重新出现，苦难就会过去。时间终究会冲淡一切痛苦，一切伤痛，一切不如意都会成为过去。

　　每个人的成长过程都是既曲折又坎坷的，总是伴随着辛酸与泪水。而挫折好比一块锋利的磨刀石，我们只有经历了它的磨练，才能闪耀出夺目的光芒。"不经历风雨，怎能见彩虹？"经历了挫折的成长更有意义，有时候挫折是一笔财富，多少次艰辛的求知、探索，多少次含泪的跌倒与爬起，都如同花开花谢一般，是我们人生道路上一道靓丽的风景。成长的过程好比沿着沙滩行走，一排排弯弯曲曲的脚印，串联成一道成长的足迹，只有经受了挫折，我们的双脚才会更加有力。古人云："故天将降大任于斯人也，必先苦其心志，劳其筋骨，饿其体肤，空乏其身，行拂乱其所为"就是这个道理。

　　◎正确面对挫折

　　生活在这个世界上，就像天气一样，有阳光，就必定有乌云；有晴天，就必定有风雨。人生也是如此，不会一帆风顺的，但是从乌云中解脱出来的阳光会更加灿烂，经历过风雨的天空绽放出的彩虹会更加美丽。

　　在学校测验中，一些考试失利的学生，特别是高考之后，一些落榜生的情绪极度消沉，不愿与任何人说话，不愿面对任何人，甚至失去生活的勇气。实际上，每个人的人生之路都是有坎坷的，主要取决于你如何面对，古今中外，任何一个成功者的青春之路，或多或少都会遇到这样那样的"苦涩"，这就是所谓的挫折感，挫折感是普遍存在的一种心理现象。那么作为青少年应该如何面对挫折呢？

第一，要明确挫折是任何人都不能避免的，它具有普遍性、客观性。当设立的目标与实际产生差异时；当尽了最大努力还不能完成看来似乎不太高的目标时；当观念与社会相抵触时；当认为合理的要求不能满足时；当升学考试落榜的现实降临时等。都会感觉有一种挫败感。其实，只要摆正心态，这些都不能使我们停下前进的脚步。鲁迅也曾彷徨过，贝多芬还曾想过自杀，但他们都顽强地战胜了自己的消沉和迷茫，通过自己的努力，最终坚定地走向成功。

第二，要明确挫折并不可怕，挫折和磨难，可以给人造成打击，带来悲伤和痛苦，但也能使人变得坚强起来！曾经听过这样一句名言："人的生命似洪水在奔腾，不遇岛屿和暗礁，难以激起美丽的浪花。"举个例子：春秋时期的越王勾践，被吴国打败后成了吴王的奴仆，他并不就此灰心丧志，而是卧薪尝胆。最后他率众如愿以偿地打败了吴国……因此，不要害怕挫折，只要吸取教训，不被困难打倒，不放弃自己的行动，就有重来的机会，在新的起跑线上搏击，去争取下一个的胜利！

第三，当面对挫折时，要善于进行心理调节，保持良好的心态，摆脱挫折感。法国著名作家罗曼·罗兰说："人生是一场无休止的激烈搏斗。要做一个真正的人，就得随时准备面对无形的敌人，面对存在于自己身上能致你死地的那股力量，面对那乱人心智引你走向堕落和毁灭的糊涂念头……"所以，当挫折来临时，正确地面对挫折，不要因为挫折而放弃自己的行动。否则，自己之前所做的努力就全都白费了。

作为新一代的青少年，是祖国的未来，要努力学习，相信没有过不去的河，勇敢地面对挫折，绝不因为一点小小的挫折而放弃自己的行动，那样就会显得自己太懦弱了。

第二节　努力拼搏　直到胜利

1. 勇敢地面对挫折

人的一生是奋斗的一生，青年时期更是须要努力奋斗的时期。在人生的道路上，在为理想奋斗的过程中，青少年朋友们总会遇到许许多多的挫折。面对挫折，勇敢者反它嚼碎，化成体内奔腾的热血；弱者则反它当作包袱，压在自己的肩头。其实，挫折是并不可怕的，这就看你是选择强者，还是选择弱者。

生活道路漫长，挫折随处可遇，在你们身边常见到有的人成功了欣喜若狂，遇到困难则悲观失望。实际上，人的一生要经历许多事情，失意与挫折只是其中很小的一部分，不是有这样一句歌词嘛："要生存，先把泪擦干；走过去，前面是个天。"

把挫折踩在脚下，前途将一片光明

挫折，固然可悲可叹，但它却也有着一种不可言喻的美丽。挫折最直接的表达方式就是失败。然而"失败是成功之母"，每一次失败都是在为成功做好准备；每一次失败都是在为成功坚实基础。

有时可能会使人斗志消沉、丧失信心。但经受过挫折磨练的人往往是意志坚强、勇于攀登的强者。挫折是一种前进的动力，只要不畏艰难，始终如一地朝着坚定的目标前进，最终是会取得成功的。越王勾践战败之后"卧薪尝胆"终于打败了夫差；大发明家爱迪生曾为一项发明做了将近8000次的实验，都失败了。但他没有沮丧，他把失败看作是一种经验，正是这种精神才使得他做出了一项又一项令人瞩目的成果。

面对挫折，只要你是一位真正的勇士，勇敢地把挫折踩在脚下，那么挫折便会反过来为你服务，伴你走向光明的坦途。

有一对夫妻因遭遇生活和经济压力，陷入了难以摆脱的困境，他们觉得痛苦不堪，于是，商议一起自杀。

当他们正准备把头伸进挂在屋梁上的绳圈时，突然响起了敲门声，只好停止自杀的动作去开门，原来是多年不见来自远方的好友，只好接待……夫妻俩和好友促膝长谈：回忆快乐的往事，忧伤的历程，直至深夜，连自杀的事好像也忘却了。第二天，夫妻俩面面相觑，看到屋梁上的绳，想起了昨夜自杀的事。妻子对丈夫说："我在想，只要我们以寻死的心活下去，也许可以渡过难关。"丈夫也说："这正是我想说的话。"

面对生命的巨大挫折，往往是一念之差。"以寻死的心活着"禅语即是"大死一番""悬崖撒手"这种决然的心情，往往能冲破牢关，创造出新的生命境界！

在人生道路上，你们总会遇到各种各样的挫折，无论自己怎样对待它，它都不会因自己而减少一分。所以与其无休止的痛苦，还不如勇敢去面对。

一个故事，总要留点遗憾才有令人感动的美丽；一种结局，常需存有惋惜方显言尽意无穷之意；一个人，往往在经受住挫折和磨难后才会变得更加成熟。

勇敢地面对挫折，培养抵御挫折的能力

人若要想彻底战胜挫折，就要培养自己面对挫折的勇气和抵御挫折的能力。只要拥有了这两样法宝，那么在任何困难挫折面前，就可谓是"刀枪不入"。那么，应该怎样培养自己面对挫折的勇气和抵御挫折的能力呢？不妨从以下几点做起。

1. 正视挫折。不要害怕挫折，要正视它的客观存在。你要认识到，理想是美好的，但实现理想是非常艰巨的；经受挫折是人们现实生活中的正常现象，是不可避免的，社会的进程如此，个人的成长经历也是如此。多参加一些活动，比如组织故事会、报告会、学习名人、伟人正确对待挫折的态度，并多参加长跑、义务劳动等，逐渐培养自己战胜困难的勇气；平时也多做一些难题，以磨炼自己的意志，培养自己敢于竞争与善于竞争的精神，使自己在面对挫折时不气馁，然后，刻苦攻关，勇攀高峰。

2. 培养自己的自信心。自信是一个人心理健康的重要标志，也是一个人生命的灵魂，是一种无敌的精神力量。而自信心则是一个人重要的心理品质。心理学家普遍认为，自信和勤奋是一个人取得好成绩的两个重要因素，也是学生长大成才的重要心理品质，国家的富强、社会的进步需要人们具备这两个重要因素；同样个人的成长也需要这种自信。在社会激烈竞争中，这种自信尤为重要。

3. 学会正确地处理人际关系。和谐、融洽的人际关系，是一个人身心健康成长的保证。平时多学习人际交往方面知识，掌握人际关系的准则，并和同学相互沟通、多交流，让自己在理解他人、关心、帮助他人的过程中，掌握一定的道德概念，体验一定的道德情感，实践一定的道德行为，在和谐、融洽的人际关系中健康成长。

4. 培养自己的耐受力,提高生命的韧性。爱迪生曾说过:"伟大人物最明显的标志就是他坚强的意志,不管环境变换到何种地步,他的初衷与希望仍不会有任何改变,而终于克服障碍以达到期望的目的。"所谓耐受力是指当个体遇到挫折时,能积极自主地摆脱困境并使其心理和行为免于失常的能力。积极的心理耐受力源于个体的心理韧性。所谓心理韧性是指个体认准一个目标并长期坚持向这一目标努力,在此过程

中，做事不虎头蛇尾，不半途而废，不达目的决不罢休。如果你具有百折不挠的毅力、坚忍不拔的意志、矢志不移的恒心和乐观自信的精神，那么你的抗挫折能力自然就强，对挫折适应能力也强。像张海迪、桑兰这些身残志坚的人，她们无不是具有超过常人的意志力。所以，有时候培养积极健全的心理比锻炼一个健康的身体更为重要。

　　总之，挫折对一个人来说是暂时的，但也是永远的。所以，如何、怎样面对挫折将贯穿一个人成长的始终。但困难和挫折，对于成长中的你来说，绝对是一所最好的大学。一个学生，如果在成长中没有经历过困难和挫折，那他就品味不到成功的喜悦；一个人，如果没有经历过苦难，那他就永远感受不到什么是幸福。不管是什么人，只要他没有尝过饥与渴的滋味，他就永远体会不到食物和水的甜美，他也就不懂得生活到底是什么滋味。

　　挫折纵然无情，却给人无尽的砥砺；失败固然残忍，却使人趋于顽强。当乌云压顶时，你们首先应该想到的是乌云过后将是一个丽日蓝天的新世界，不管生活赐给你们的是成功还是失败，是痛苦还是欢乐，你们都要勇敢地去面对它，而不是选择逃避和退缩。

2. 培养耐挫折心理

　　人生由无数的升腾与失落交织而成，正如一座石拱桥，这边是上坡，那边必然是下坡，悠远而平凡，繁杂而肤浅。

　　在当今这个竞争激烈的社会中，在主客观因素的作用下，遭受挫折在所难免。步入情感误区，感情不如意；无法得到老师以及家长的理解……要正确认识挫折，挫折不等于失败，它只是我们前进道路上的绊脚石。

　　为了避免少受挫折，青少年朋友们应明确定位自己，在充分评估自己综合能力的基础上，为自己制定切实的目标。要通盘考虑，预计

在迈向成功的过程中所可能经历的种种挫折。

追求成功是每个人的人生目标,然而成功和挫折却像大自然的白天和黑夜、晴天和雨天一样,都是你们生命的组成部分。正是成功和挫折的相互作用和交替出现,才使你们的人生变得丰富多彩,有滋有味。如果人生只有挫折,或者只有成功,我们的生命就会显得苍白无力。事实上,没有挫折的人生是不存的,没有挫折的人生是不完整的人生。

一个人处在挫折中,就像夏日曝晒一天后进入夜晚一样,心里有一种异常和感觉。仰望星空,凉风吹来,思绪万千。在这种特别的心境里,你们应该清醒认识到自己到底应该干什么,适合干什么,在你们心底涌起的智慧能量,走向成功的辉煌。

青少年在面对挫折心理。

面对挫折,除具备基本的能力之外,重要的是自身心理素质与承受能力。你们要客观面对现实,经受挫折与失败的考验,增强心理承受能力与挫折的容忍力,把挫折当成垫脚石,从而奋起拼搏以取得成功。

一天,农夫的一头驴掉进一口枯井里,农夫绞尽脑汁想救出驴,但几个小时过去了,驴子还在井里痛苦地哀嚎着。

最后,这位农夫决定放弃,他想这头驴子年纪大了,不值得大费周折去把它救出来,不过无论如何,这口井还是得填起来。于是农夫便请来左邻右舍帮忙一起将井中的驴埋了,以免除它的痛苦。农夫的邻居们人手一把铲子,开始将泥土铲进枯井中……

当这头驴了解到自己的处境时,刚开始哭得很凄惨。但出人意料的是,一会儿之后这头驴子就安静下来了。农夫好奇地探头往井底一看,出现在眼前的景象令他大吃一惊:

当铲进井里的泥土落在驴子的背部时,驴子的反应令人称奇——它将泥土抖落在一旁,然后站到铲进的泥土堆上面,就这样,驴子将

大家铲倒在它身上的泥土全数抖落在井底，然后再站上去。很快地，这只驴子便得意地上升到井口，然后在众人惊讶的表情中快步地跑开了！事实上，你在生活中所遭遇的种种困难挫折就是加诸在你身上的"泥沙"；然而，换个角度看，它们也是一块块的垫脚石，只要锲而不舍地将它们抖落掉，然后站上去，即使是掉落到最深的井，你也可安然脱困。

你们要学会耐挫折，勇敢面对。

在人生的旅途中，有时你们会像驴子那样陷入"枯井"中，会有各式各样的"泥沙"倾倒在自己身上，而想要从这些"枯井"脱困的秘诀就是：将"泥沙"抖落掉，然后站上去！

1832 年，林肯失业了，他很伤心，于是他下定决心要当政治家，当州议员。糟糕的是，他竞选失败了。在一年里遭受两次打击，这对他来说无疑是莫大的痛苦。

接着，林肯着手自己开办企业，可一年不到，这家企业又倒闭了。在以后的 17 年间，他不得不为偿还企业倒闭时所欠的债务而到处奔波，历经磨难。

随后，林肯再一次决定参加竞选州议员，这次他成功了。他内心萌发了一丝希望。认为自己的生活有了转机："可能我可以成功了！"

1835 年，他订婚了。但离结婚还差几个月的时候，未婚妻不幸去世。这对他精神上的打击实在太大了，他心力交瘁，数月卧床不起。1836 年，他得了精神衰弱症。

1838 年，林肯觉得身体良好，于是决定竞选州议会议长，可他失败了。1843 年，他又参加竞选美国国会议员，这次仍然没有成功。

虽然林肯一次次地尝试，却又一次次地遭受失败：企业倒闭、情人去世，竞选败北。如果换作是你碰到了这一切，你会不会放弃——

放弃这些对你来说是重要的事情？

　　林肯具有执著的性格，他没有放弃，也没有说："要是失败会怎样？"1846年，他又一次参加竞选国会议员，最后终于当选了。

　　两年任期很快过去了，他决定要争取连任。他认为自己作为国会议员表现是出色的，相信选民会继续选举他。但结果很遗憾，他落选了。

　　因为这次竞选他赔了一大笔钱，林肯申请当本州岛的土地官员。但州政府把他的申请退了回来，上面指出："做本州岛的土地官员要求有卓越的才能和超常的智力，你的申请未能满足这些要求。"

　　接连又是两次失败。在这种情况下你会坚持继续努力吗？你会不会说"我失败了"？

　　然而，林肯没有服输。1854年，他竞选参议员，但失败了；两年后他竞选美国副总统提名，结果被对手击败；又过了两年，他再一次竞选参议员，还是失败了。

　　林肯一直没有放弃自己的追求，他一直在做自己生活的主宰。1860年，他当选为美国总统。

　　生活中每个人都企盼着前途是一马平川，但在安逸舒适的环境下成长起来的你有多少能经历生活中的风风雨雨呢？温室虽好，但里面的花朵是禁不起雨打风吹的，世间纨绔子弟又有多少成为了社会的栋梁之才的呢？挫折是一个宝贝，是一块试金石，只有能经历过挫折的人，才能勇敢地站在时代的潮头，才能勇敢的面对艰难险阻，才能在激烈的竞争中获得优胜。

　　如果为人生画一条曲线，成功和挫折就是那起起伏伏的每一个点。挫折是成功的垫脚石，每个人的任何一种真正的成功，都是踏着挫折一步步抵达和创造的。没有挫折，也就不会有成功。

生活的挫折，让人的知识得到拓展，为一个人未来的留下深厚的储备。文王拘而演《周易》，左丘写《国语》，欧阳修写《醉翁亭记》，苏东坡写出气势恢弘的《念奴娇·赤壁怀古》，曹雪芹写出流芳千古的杰作《红楼梦》，都是遭遇人生重大挫折后的作品。强者在挫折面前既不抱怨命运不公，不会消极、颓废、一蹶不振，也不会听天由命、看破红尘；而是把挫折当成垫脚石，从而获得新知，完善自己，充实自己，弥补自己，找准消除挫折的突破口，纠正偏差。

勇敢和富有冒险精神的你通常更容易在日后的学习、工作中获得成功，但生活中却有不少青少年朋友胆小懦弱，遇到困难畏缩不前。

所以，你要学会自我宽慰，心怀坦荡，情绪乐观，充满自信，发奋图强，坚忍不拔，笑傲人生，勇敢地面对现实与挑战，尽快走出挫折的阴影，寻找新的起点，早日达到理想的彼岸。

一个理智的人不仅不会被挫折吓倒，而且也不会把挫折当作不存在。如果一个人被挫折吓倒，从此以后再不敢行动，不敢冒半点风险，那你的一生可能会平四八稳，也将会碌碌无为；如果把经受的挫折不当回事，不认真总结，吸取教训，粗心大意，那么挫折后面的将还会是挫折。

在遇到挫折时，青少年朋友们，你不要奢求什么，更不要在意别人的冷眼和嘲笑。而对别人一抹关切的目光，一句温暖的问候，也要心存感激。善待挫折，在挫折中磨练意志，从痛定思痛到卧薪尝胆，从挫折中吸取宝贵营养，从挫折中寻找和发现成功的智慧，披肝沥胆，奋发进取，那么挫折就将成为通向成功台阶上的垫脚石。

3. 做一个积极乐观的人

孩子们的心里总是演着好多小小的戏剧。父母不跟他们太亲近时，

他们就会觉得伤心。可是，这些悲伤却像奏乐的豪雨，雨水中欢笑着初升的太阳。

——罗曼·罗兰

◎乐观积极点亮人生

积极乐观的就人像太阳，照到哪里，哪里亮。走到哪里，哪里就会很温暖，无论走到哪里都给别人带来希望、带来快乐！生活不是没有阳光，是因为你总低着头；不是没有绿洲，是因为你心中一片沙漠。永远的积极心态，就会拥有永恒的快乐！所以我们每一个人应该用一个积极乐观的心态去面对生活中的每一件事，并且要勇于挑战自我。健康是每一个人的梦想，对于我们来说健康的定义就是："用一个积极乐观的心态去面对生活中的每一件事并且要勇于挑战自我。"

青少年从小就应该培养这种乐观积极的心态，因为这对青少年成长是很重要的。农夫与驴子的故事一样，农夫绞尽脑汁想方设法地救驴子，始终不见成效，就在农夫放弃救它那一刻，驴子突然安静了下来。农夫好奇地探头往井底一看，出现在眼前的景象令他大吃一惊：当铲进井里的泥土落在驴子的背部时，驴子的反应令人称奇——它将泥土抖落在一旁，然后站到铲进的泥土堆上面！就这样，驴子将大家铲倒在它身上的泥土全部抖落在井底，然后再站上去。很快地，这只驴子便得意地上升到井口。然后在惊讶的表情中快步地跑开了！

从这个故事中不难看出，在人的一生中，就会发生像驴子的情况，在生命的旅程中，有时候我们难免会陷入"枯井"里，会被各式各样的"泥沙"倾倒在我们身上，并将身上的"泥沙"抖落掉，然后站到上面去。所以青少年更应该像驴子那样保持积极乐观的心态，因为生活本来就充满了风险和挑战，所以对于青少年来说必须明白，不是每件事情都会有好的结局。痛苦、失败在所难免，你没有必要认为自己

总会痛苦、失败，因为你大部分时候，好的方面会比坏的方面多。所以当你用积极的心态去面对的时候，你会发现，会有另外一种情况展现在自己的面前。

那头驴在面对枯井，就是因为它在困境、挫折面前转变了观念，用积极乐观的心态面对它，从而平静下来，并采取了自救的方法。设想，如果驴子不转变观念，只哀鸣求助或者一味地抱怨，最后只能是坐以待毙。因此我们在困难面前，以乐观的心态去分析问题，才是最明智的选择。所以青少年更应该向驴子学习，一头驴尚能如此积极乐观，何况我们是一个完完整整的人呢!

俗语说得好:"世界向微笑的人敞开","巴掌不打笑面人"。任何人都不会拒绝快乐，而乐观是快乐的根本。乐观的人收获的是果实，留下的是财富;悲观的人收获的是空白，留下的是痛苦。

对于青少年而言，世界上有千千万万的人和事物，每个人与每种事物或许都有美与丑两个方面，用积极的心态更多地注重人和事物的美好一面可能会感到幸福，而用过分苛刻的眼光只注意人和事物丑的一面自然会感到不幸。让我们换一种观点、换一种眼光、换一种心态看待现实中不完美的人和事物吧，做一个拥有积极心态乐观向上的人，这样就会少一些抱怨、少一些痛苦，多几分洒脱、多几分幸福……

◎积极乐观成就青春的你

当你放迪斯科的时候，身边的人会随你跳舞;当你放哀乐的时候，身边的人只会随你流泪。我们作为个体的人，可以是团火，去点燃身边的柴;也会是块冰，能冷却身边的碳。正如大海可以成为人们的丰富宝藏，也可以成为人们的葬身之处;丛林可以是土族人的乐园，也可以是陌生人的坟墓。是财富还是陷阱，全由我们每个人的心态决定。

不管别人怎么说，每件事都只看它的光明面。要有信心，不管是对你、对其他人，或者是整个世界，每件事最后都会好转的。不要让这个信念动摇，把你坚定不移的信心表现出来。如果别人说你实在是过度乐观，告诉他们，要过度乐观是不可能的，每一个经验——即使是最不愉快的一个——也带有一些满足的种子。

　　青少年正处于人生的成长阶段，这种积极心态的培养就很重要，对于青少年来说，这是迈向成功的基石。一位外国大提琴家的童年故事就是一个绝好的例证。有一天，他拖着比自己身体还高的大提琴，在走廊里迈着轻快的步伐，心情显然好极了。一位长者问到："孩子，你这么高兴，是不是刚拉完大提琴？"他的脚步并没有停下，"不，我正要去拉。"这个7岁的孩子懂得一个许多大人不懂的道理：音乐是一种愉快的享受，而不是我们不得不做的、必须忍受的工作。后来他就成为了一个非常著名的大提琴家。

　　所以不论何时何地，作为青少年，我们应该端正自己对生活、工作与学习的态度，凡事采取积极的思维，积极的语言，积极的行动。哪怕是一瞬积极的微笑，一个积极的手势，或者一次积极的暗示，都会有助于我们形成积极乐观的心态。我们应该学会热情地生活，愉快地工作，轻松地学习，以乐观旷达的胸怀，真诚地为他人服务，为他人送去幸福。因为当我们把幸福带给他人的时候，幸福也就悄然降临我们的身边。

　　正如爱迪生的一句名言："我的成功乃是从一路失败中取得的。"是的，事物永远是阴阳同存，好坏并进；事物发展的轨迹总是波浪前进，螺旋上升。对于生活中的阴暗面，青少年是生长在七八点钟的太阳，如果我们没有能力抑制、消灭时，我们还是不看为好，何必让那些苍蝇臭虫一样的人或事弄得自己恶心与不愉快呢？昨天他会成为过去完成式，而我们青少年也正在努力的却改变。

在现实生活中，我们要学会不断调节自己的视角，不要老是让自己觉得失败；不要由于没有成功就责备这个世界不够完美。其实，我们更应该像爱迪生那样，成功是从失败中走过来的，保持一个积极乐观的心态比什么都重要，因为这是才是正确的人生观。

作为青少年，如果你觉得悲观情绪左右着你的判断，你开始觉得对未来失去信息的时候，不要忘了提醒自己时间正在一分一秒流逝。悲观本质上是不切实际的，因为它让你在还没有发生，并且也不一定会发生的事情上浪费了时间，它阻碍了你完成应该完成的事情。有人说：生活就是一面镜子，你对它哭它亦哭，你对它笑它亦笑。快乐是一天，不快乐也是一天，为什么不乐观、快乐地度过每一天呢？

4. 是坚持创造了奇迹

世界上每一个人都能创造奇迹，只要他有决心比别人干得更好，并始终如一地坚持下去，就一定会有收获。毛泽东也说过：苟有恒，何必三更起五更眠；最无益，只怕一日曝十日寒。这就说明，人类创造的奇迹往往是坚持的结果。

我国古代的思想家荀子早在战国的时就以"骐骥一跃，不能十步；驽马十驾，功在不舍；锲而舍之，朽木不折；锲而不舍，金石可镂。"来说明学习是不断坚持的过程。在青少年成长的道路上，惟有选择持，才会有奇迹。

◎有一种奇迹，叫做坚持

世界首富比尔·盖茨说过：所谓的奇迹，不过是坚持的结果。坚持是获得成功的必经之道，只有在不断地对目标的坚持中，才能实现你的梦想。就像房屋是由一砖一瓦堆砌成的；足球比赛的最后胜利是由一次一次的得分累积而成的；商店的繁荣也是靠着一个一个的顾客的购买造成的。如果这当中你放弃了坚持，后果可想而知。这是比尔·盖茨对成功的看法，他认为自己的创造大部分都来自于坚持。

广大中学生朋友也许都看过美剧《越狱》，关于此类的还有一部叫《肖申克的救赎》的经典影片。

《肖申克的救赎》中最让人难以忘怀的是这样的一个场景：一把小锤子，20年如一日坚持不懈的挖掘，每天只能利用放风的时间悄悄一点点倒掉土渣。

后来，坚持不懈的努力，使安迪创造了越狱的奇迹，所以，坚持就是安迪成功越狱的奥秘所在。自由与希望靠的不是上帝的恩赐，而是自己永不放弃的坚持。在安迪之前，不知道有多少人也曾经尝试过，但无一例外的都因为不能持之以恒而失败了。

所以说："绳锯木断，水滴石穿"，成大事不在于力量的大小，而在于能坚持多久。以这种方式达到越狱的目的，本来是被别人认为几百年都可不能办到地事情，然而那看似永远不可逾越的森严的壁垒，却在一把小锤子二十年不间断的作业中，悄然洞穿。所以，伟大的奇迹不是靠力量来实现的，而靠坚持来完成的。

西华·莱德先生是个著名的作家兼战地记者，他曾在1957年4月号的《读者文摘》上撰文表示，他所收到的最好忠告是"坚持走完下一里路"。他只所以说出这样的话是有原由的。

在第二次大战期间，他跟几个人不得不从一架破损的运输机上跳伞逃生，结果迫降在缅印交界处的树林里。当时惟一能做的就是拖着沉重的步伐往印度走，全程长达140英里，要在8月的酷热和季风所带来的暴雨的侵袭下，翻山越岭长途跋涉。可是刚走了一个小时，他的一只脚就被一只长筒靴的鞋钉扎了一下，傍晚时双脚又都起泡出血。

这时，他就暗问自己：是否能够走下去，保住自己的性命？然而，当时的情况促使他不得不坚持走下去，他只好硬着头皮走完了下一英里路。最后，他们终于达到了目标，保住了生命。

是的，有一种奇迹叫做坚持。作为青少年，你可能缺少的就是一份对学习的坚持。自己一旦下定了一个目标，就告诉自己要坚持下去，可是一旦有了时间你总是受不了玩的诱惑，于是，时间就在闲聊、逛街、游戏中悄悄溜走。因此，要坚持就要消除种种诱惑。

◎坚持是获得成功的必经之道

每个人都会有自己的目标与追求，不论你的目标或高或低，都贵在坚持。因为，有一种奇迹，就叫坚持。坚持需要毅力。而相反，人生的许多失败都源于这种放弃，哪怕是差一点点也是放弃。坚持是让我们走向成功的铺路石，每一个获得成功、走至人生顶峰的人，靠的都是坚持。伏尔泰说过"要在这个世界上获得成功就必须坚持到底，至死都不能离手"。坚持是一种精神，一种力量，一种能够创造奇迹的力量。

比尔·盖茨还说过：按部就班做下去是实现任何目标惟一的聪明做法。所以，当你在实现目标的过程中，遇到困境想放弃的时候；当你的觉得努力得不到回报的时候；当你的惰性再一次抬头的时候，你就要在心底偷偷地说服自己，并告诉自己：坚持是获得成功的必经之道。然后咬定青山不放松，耐住性子，一步一步，最后你收获得必将是成功。

有人说世界上最好的戒烟方法就是"一小时又一小时"坚持下去。很多人用这种方法戒烟，成功的比例比别的方法高。这个方法并不是要求他们下决心永远不抽，只是要他们决心不在下一个小时抽烟而已。当这个小时结束时，只需把他的决心改在下一小时就行了。当

抽烟的欲望渐渐减轻时，时间就延长到两小时，又延长到一天，最后终于完全戒除。所以，那些一下子就想戒烟的人只所以失败，其主要的原因就是因为他们在心理上的感觉受不了。一小时的忍耐很容易，但是要想永远保证不抽就会很难了。

比尔·盖茨说："坚持，是每一个成功者的秘诀。"而他只所以能取得如此大的成功，就是坚持的结果。坚持是成功的必经之道，有许许多多的人，就是像他一样凭着顽强的意志，不断地坚持，才创造出了一个又一个的奇迹。

人生中会在何时何地遭遇何种艰难是不可预测的，然而一旦遭遇了，只要坚持下去，奇迹总是会出现的。也许并不是所有的坚持都能有令人满意的结果，但与命运抗争的本身，以及在抗争中给自己和周围的人以希望、勇气和力量的过程，不也是生命的一个奇迹、人生的一种意义吗？

5. 坚持拉开了成功序幕

有人曾说世界上只有两种动物才能登上金字塔顶，一种是老鹰，一种是蜗牛。为什么蜗牛也能爬上金字塔顶端，因为它选择了坚持。

一个人做事，在动手之前，当然要详慎考虑；但是计划或方针已定之后，就要认定目标前进，不可再有迟疑不决的态度，这就是坚毅的态度。

俗话说："不为失败找理由，要为成功找出路"每个人都渴望成功，害怕失败，害怕挫折。然而失败并不可怕，可怕的是失败后没有勇气去面对，不是说失败是成功之母吗。成功的道路上有着许多的挫折、困难，只要勇敢地战胜它们，成功就在不远处，坚持到底终究会成功。"行百里者半九十"。成功的路上必定不会一帆风顺，获得成功，往往在于那一点坚持。

◎成功贵在坚持

只要你认为自己做的是对的，执著地追求下去，成功便会在一切不可能中实现，成功不仅要求我们敢想、敢做，最重要的是一定要坚持下去，坚持自己的信念直到成功为止。当我们面对一次次考试的不理想，不要灰心。人的一生中不如意之事十之八九，如意之事只不过一二而已，面对暂时的不如意我们需要做的就是坚持，每天学习一点点，日积月累，坚持到最后我们就能成功！

古希腊的大哲学家苏格拉底第一天上课时对学生说："今天咱们只学一件最简单也是最容易做的事情。每人把胳膊尽量往前甩。"说着，苏格拉底示范了一遍，"从今天开始，每天做300下，大家能做到吗？"学生们都笑了，这么简单的事，有什么做不到的！过了一个月，苏格拉底问学生们："每天甩300下胳膊，都哪些同学坚持了？"有90%的同学骄傲地举起了手。又过了一个月，苏格拉底又问，这回，坚持下来的学生只剩下一半。一年后，苏格拉底再一次问大家："请告诉我，最简单的甩手运动，现在有哪几位同学坚持了？"这时，整个教室里，只有一个人高高将手举起，他就是后来古希腊另一位著名的哲学家柏拉图，可见，很多伟人从小就养成了持之以恒的良好习惯。

这则小故事所蕴含的意义以及告诉我们的道理是显而易见的，成功的秘诀很简单，那就是贵在坚持。说起来容易做起来难，坚持，坚持，再坚持！惟有如此，我们才能达到成功的彼岸。

所以，无论现在的学习有多么糟糕，心情有多么急躁。请一定要坚持，再坚持！不要轻易放弃，相信自己也可以像别人一样！坚持到底，就能守得云开见月明！坚持，绳锯木断，水滴石穿！成功只会离他越来越近。十年磨一剑，走得最远的人，不是最聪明的人，而是最执著的人。努力不一定成功，但放弃一定失败！无限风光在险峰，坚持就是胜利！

有时候因为前面的路我们无法看清，就会选择放弃，其实，就像烧开水一样，九十九度加一度水就开了，开水与温水的区别就是这一度的差别。有些时候有些事情之所以会有天壤之别的差距，往往也正因为这一度之差。

没有一个人的成功之路是一帆风顺的，主要是贵在坚持。看谁能坚持到最后，谁就能获得最后的成功，例如，人尽皆知的伟大发明家爱迪生发明了电灯，他经历了 1000 多次的反复实验，才得以成功。如果在发明电灯的过程中他因一次失败而灰心丧气没有坚持下去，也就不会获得最后的成功，也不会成为伟人。再来看一个例子，美国最伟大的科学家富兰克林的"风筝引雷"试验，有着多大的危险，如果他没有坚持下来，他不会获得成功。像这样的例子比比皆是，它们都证实了坚持到最后对于成功的重要性。

◎成功就是马拉松的终点

我们都知道无边无际的沙漠中，只有坚持到最后的人，才能找到绿洲，见得水源，获得最后的生机。无数事实都证明，要想成功，就必须有忍耐精神。忍耐困难、忍耐折磨、忍耐压力、忍耐打击、忍耐讥笑、忍耐一切应该忍耐的痛苦。只有这样，坚持到底，往前走，不后退半步，相信别人能做到的，我们也一定可以做到，别人做不到的事情，我们却可以做得到。拿破仑曾经说过："胜利属于最坚忍之人"。作为中学生，我们的责任就是把学习搞好，学习上遇到困难多向学习好的同学请教，或者直接问老师，一点点地积累，付出总会有回报，最后会有很好的成绩。

在所有的体育项目当中，马拉松项目是最令人乏味的，而又是最耐人寻味以及最能考验人的耐力的一个项目。在所有比赛项目当中，马拉松比赛通常都是最后一项赛事，因为它最能体现完备的体育精神。

同样的道理，青少年的成长也是场马拉松赛，而且更加漫长、坎坷和艰难，更需要忍耐、坚持和努力。如果想在漫漫的求学路上取得成功，只能靠坚持到底的恒心去努力、去拼搏。

俗话说的好："为山九仞，功亏一篑"。成功路上荆棘密布，但请记住一点：成功是坚持与努力的结晶。无论那虚掩的成功之门有多远，坚持就是胜利！

所以，同学们，当困难绊住成功的脚步，当失败挫伤雄心壮志，当被负担压得喘不过气时，不要退缩，不要放弃，一定要坚持下去，因为只有坚持不懈，才能最终走向成功！

没有人不渴望成功，成功是美好的，但坚持却是痛苦的。每个人都在追求成功，但成功需要付出艰辛的劳动，甚至千百次艰难的探索，成功不会轻易获得。因为，成功本身就是一个不断追求，一个锲而不舍的过程。成功与失败，并不是天秤的两端，而仅仅只是一步之遥，然而有的人就是不肯踏出这一步，望而却步，停滞不前，结果他永远都无法成功。其实，成功并不像想象中那样艰难，只需要再坚持那么一步就行了。

6. 输赢仅在一步之遥

凡是新的事情在起头总是这样的，起初热心的人很多，而不久就冷淡下去，撒手不做了，因为他已经明白，不经过一番苦工是做不成的，而只有想做的人，才忍得了这番痛苦。

董必武说过：逆水行舟用力撑，一篙松劲退千寻。西华·莱德在谈到他的写作时也说："几年前，我接了一件每天写一个广播剧本的差事，到目前为止一共写了 2000 个。如果当时签一张'写作 2000 个剧本'的合同，那我一定会被这个庞大的数目吓倒，甚至把它推掉的。"其实，成功往往是由一个个小目标组成的，只要一步步地坚持下去，每次都让自己往前迈一步，最终就可以达到成功。

◎前面一步可能就是成功

钱学森曾说过：不要失去信心，只要坚持不懈，就终会有成果的。所以，在通向成功的途中，每次就要努力使自己往前迈一步，把你的下一个想法（不论看来多么不重要），变成迈向最终目标的一个步骤，并且马上去进行，这样一直下去，你肯定是会有成绩的。

有这样一个故事：有一个患了鼻咽癌的人，他被摘除了上颚，脸部也塌陷了下去，话不能说食不能进。面对这突如其来的灾难，他并没有绝望，也没有沉沦，而是开始了他的光电卡片密码锁的研究发明。于是，他在病床上，一边与病魔抗争，一边钻研坚持钻研五六十本专业书籍，摘抄了几万字的资料，更把几十把锁拆得满病床都是。但是，在经过了近千次的实验之后，他的光电卡锁终于问世，并获得了国家专利。就在这时，缠绕他六年的癌症病魔奇迹般地在他身上消失了。

很多人在为他感慨的同时，也许都会说这实在是一个奇迹。然而，你要知道，任何奇迹的发生都不是偶然的，他所创造的生命的奇迹与他的坚持是分不开的。如果他在面对病魔的威胁时对自己绝望了，如果他在治疗的过程中气馁了，如果他在实验的路上放弃了，那么这个奇迹就不会出现了。

◎每次请往前再迈一步

大家都知道爱迪生，他是世界上伟大的发明家。他为了发明灯泡，

尝试了上千种不同的适合做灯泡灯丝的材料，可以说，在他成功之前，他失败了上千次，但是，他将每次的失败都看做是成功路上的进步。最终，他成功了。在他晚年的时候，他的工厂因为一场意外的火灾而化为灰烬，当时他已经六十多岁了，但他仍乐观地说，他还年轻，一切还可以重新开始。是的，将每次失败都看作人生路上的进步，那么，你将会收获别样的人生。

张海迪，一个从不向命运屈服的女子，在五岁时就患了脊髓病，胸部以下全部瘫痪。然而，她从未对自己放弃过。当时，她无法上学，她便在家自学完成中学课程。后来，她的病情更加严重，但她仍然坚持着自己的信念，从不放弃。她虽然没有机会走进校门，但她靠自学完成了小学、中学全部课程，还自学了大学英语、日语、德语和世界语，并攻读了大学硕士研究生的课程。她还以惊人的毅力在病床上自学了针灸医术，为乡亲们无偿治疗。在残酷的命运面前，她以顽强的毅力和恒心与疾病做斗争，始终对人生充满了信心。

她，一个病残之人，经历了无数次病魔的纠缠，她毅然不抛弃，每次都促使自己向前迈进一步。后来，她又从事文学创作，先后翻译了《海边诊所》等数十万字的英语小说，编著了《向天空敞开的窗口》、《生命的追问》、《轮椅上的梦》等书籍，为了对社会作出更大的贡献。所以，从某种意义上讲，坚忍是成功的一大因素，只要你在成功的门上敲得够久，够大声，终将会将它敲开的。

所以，给自己一个目标，并且每次都坚持往前迈一步，最终，你就会成为成功中的一员。

人世间最容易的事，通常也是最难的事，最难的事也是最容易做的事。说它容易，是因为只要愿意做，人人都能做到；说它难，是因为真正能做到并持之以恒的，终究只是极少数人。

生活中，半途而废者经常会说"那已足够了"、"这不值"、"事情可能会变坏"、"这样做毫无意义"。而能够持之以恒者会说"做到最好"、"尽全力"、"再坚持一下"。因此说，能否持之以恒、坚持不懈，是界定一个人成功与失败的分水岭。

7. 坚持不懈，挑战成功

坚持不懈的精神并不是与生俱来的，它是理想之树接出的果实。坚持是要靠毅力的，只有伟大的目标才可能产生伟大的毅力。没有正确的人生目标的生活是可悲的，没有伟大的理想和目标的行动只是盲目的蛮干。理想是坚持的动力。

"一日一钱，千日千钱，绳锯木断，水滴石穿。"这是坚持不懈的结果。青少年要想取得最后的胜利，就必须向坚持发起挑战。让自己和坚持笑到最后。

◎学会坚持不懈

古语云："行百里者半九十。"就是说成功需要坚持不懈、坚忍不拔，否则就会半途而废。许多人正是因为没能坚持到最后一刻，在离目标半步之遥时停住了脚步，与成功擦肩而过。罗曼·罗兰曾说过："坚持不懈是人生成就的一个关键所在。"是的，一个人无论在做什么事情的时候，都需要有一种坚持不懈的精神，坚持不懈会让一个人拥有更大的力量，就像插上一根强健的生命飞翔的羽翼，让你飞得更高，飞得更远。

被誉为"史家之绝唱，无韵之离骚"的我国著作——《史记》的作者司马迁在屡受挫折，甚至在遭受了腐刑后仍发愤继续撰写此书，给后人留下了一笔宝贵的文化遗产。试问，为什么司马迁能在潮湿、

黑暗的天牢中能够洋洋洒洒万千字，而义无返顾呢？因为在他的心中，有一个理想，有一份责任，有一种信念，支撑着他一步步走过来。他相信只要自己坚持，总会达到心中的目标。凡事总会碰到大小不同的失败和挫折，只要坚持下去，便会有胜利的一丝曙光，正因为司马迁坚信了"坚持就是胜利"这一规律，所以他成功了！

阳光灿烂的一天，两只猎豹商定结伴出去捕捉猎物，以便把饿了一天的肚子填饱。还没寻觅多久，一只羚羊就出现在了他们的视线里，两只猎豹如获珍宝般的穷追不舍，可是羚羊跑的很快，追了很久也没有追上。就在他们有些力所不支时，前面突然出现了一头野牛，其中一只猎豹决定放弃追羚羊，转而去追野牛，它说："要是能够追上野牛，并咬死它的话，那可是够我们吃上一阵的了。"另一只猎豹摇摇头劝它说："咱们追羚羊这么久了，羚羊肯定和我们一样累。只要咱们再坚持一会儿，肯定能追上的。"想追野牛的猎豹根本就听不进去，执意要去追野牛。最后，追倒是追上了，可野牛也并不是好惹的，与野牛的打斗中猎豹显然处于劣势，几个回合下来依旧没有得一点上风，无奈之下只好垂头丧气地饿着肚子回来了。而那只追羚羊的猎豹很快就把羚羊追上，美美地吃了一顿。

两只猎豹同追羚羊，一只坚持不懈，最后美餐了一顿。而另一只中半途而废，改追野牛，结果两手空空。这种结局也是我们意料之中的！

同样是两只猎豹，却是不一样的结局。世上事情就是这么简单，只要你再坚持一下，就能迈向成功。成功者与失败者的区别，只在于多坚持了一下。

大多数人们因此认定坚持就是胜利。一心认为只要乘上持之以恒的列车总会到达目的地—成功，而犯起了倔脾气，大有不撞南墙不回

头的气势。然而，成败旦夕间，谁也没有足够的时间去撞一回"南墙"。所以成功不仅需要一颗永恒的心，同时少不了的是一个清醒的头脑。

法国启蒙思想家布封曾说过："天才就是长期的坚持不懈。"的确，无论干什么事，坚持不懈的毅力和持之以恒的精神都是必不可少的。想象一下，如果自己正处在一处悬崖边上，此时只有一块岩石支撑着整个身体，要想安全地脱身，你能做的就只有拼尽全力紧紧地抓住这块岩石，借着这块岩石往上爬。在这个千钧一发的时刻，只要稍有松懈，或者哪怕有放松念头儿，就有可能会摔得粉身碎骨。

所以，当困难绊住你前进脚步的时候，当失败挫伤你进取雄心的时候，当包袱压得你喘不过气的时候，不要退缩，不要放弃，不要裹足不前，因为成功是属于坚持不懈、持之以恒的人，要相信坚持就能成功。

◎请记住坚持就是胜利

坚持的毅力是具备了，但是只有这样还是不够的。有这样一个"蚂蚁爬墙的故事"。"滚落下来"，"第六次失败"，"又从原处艰难的爬上去"。这种百折不挠的精神，在小小的蚂蚁身上得到了充分的体现。

但是，在通往成功的道路上，会有很多的弯道，所以需要我们不断反省自己，重新审视自己，才能更准确的看清前方的路。其实，我们的学习生活又何尝不是如此呢？当我们做题时，往往用同一种方法行不通，那么我们换个角度，换个方法去思考，说不定问题就能迎刃而解了。如果钻进了牛角尖不肯回头，那么越往里钻越狭窄，最后只会卡住自己。因此，在学习与生活的过程中，仅仅具有小蚂蚁的这种百折不挠的精神是不够的，我们还必须经常反省自己，随时调整自己的行为，只有这样，才能加快成功的进程。

也许您要问："为什么我坚持了却没有胜利呢？"这其实并不难，关键在于你是否长期坚持了呢？这就是哲学家们所谓的"人对事物的认识过程，需要多次不断的摸索。""骐骥一跃，不能十步；驽马十驾，功在不舍"就是这个道理，"功到自然成"，你如果只坚持了三天、五天、一个月，两个月，当然是无法做到"水滴石穿，绳锯木断"而到达胜利的彼岸。

在古老的东方，挑选小公牛到竞技场格斗有一定的程序。它们被带进场地，向手持长矛的斗牛士攻击，裁判以它受戳后再向斗牛士进攻的次数多寡来评定这只公牛的勇敢程度。所以，为了对自己的人生负责，我们要对自己这样说：我不是为了失败才来到这个世界上的，我的血管里也没有失败的血液在流动；我不是任人鞭打的羔羊，我是猛狮，不与羊群为伍。我不想听失意者的哭泣，抱怨者的牢骚，这是羊群中的瘟疫，我不能被它传染，失败者的屠宰场不是我命运的归宿。

当困难绊住你成功脚步的时候，当失败挫伤你进取雄心的时候，当负担压得你喘不过气的时候，不要退缩，不要放弃，不要裹足不前，一定要坚持下去，因为只有坚持不懈才能通向成功。

生命的奖赏远在旅途终点。而非起点附近。我们不知道要走多少步才能达到目标，踏上第一千步的时候，仍然可能遭到失败。但成功就藏在拐角后面，除非拐了弯，我们永远不知道还有多远。再前进一步，如果没有用，就再向前一步。事实上，每次进步一点点并不太难……

当今，处处充满机遇，也处处充满挑战，作为21世纪的青少年更是肩负振兴中华的重任，更应认识到"坚持就是胜利"的重要性并努力学会"坚持"，坚持刻苦攻读，坚持磨练意志。